女力日本史

東大教授
本郷和人——監修
劉愛夌——譯

前言

我的學生之中有位成績優異的女同學A，她有天卻跟我怨嘆，說自己對日本史提不起興趣。問她為什麼？她說——

「老師在課堂上教的都是『科學的、學問性的日本史』，我明白這種教法有其價值，但就是喜歡不起來。至於為什麼？一是因為缺乏『有趣的情節』，沒有『故事』；二是因為『幾乎沒有女性出場』，這讓我無法帶入感情，自然提不起勁主動學習。」

喔……原來是這樣。

A同學之所以覺得學校教的日本史很無聊，是因為內容太過生硬、太沒血沒淚了，裡面缺乏對「人」，尤其是對「女性」的描寫。

人小力微的我，該怎麼幫助她呢？改寫課本嗎？那可是個費時費力的大工程，要做到可不容易。我靈光一閃，不如幫她編個輔助教材，寫一本由女性獨領風騷的書吧！相信讀完後，A同學肯定會對日本史燃起興趣——這才有了這本書的誕生。

我可以拍胸脯跟各位保證，本書內容非常「有趣」，活脫脫地呈現出歷史的另一面。

廢話不多說，還請各位慢慢享用。

東京大學史料編纂所教授
本鄉和人

目次

秀麗端莊　才貌雙全

成也美貌，敗也美貌

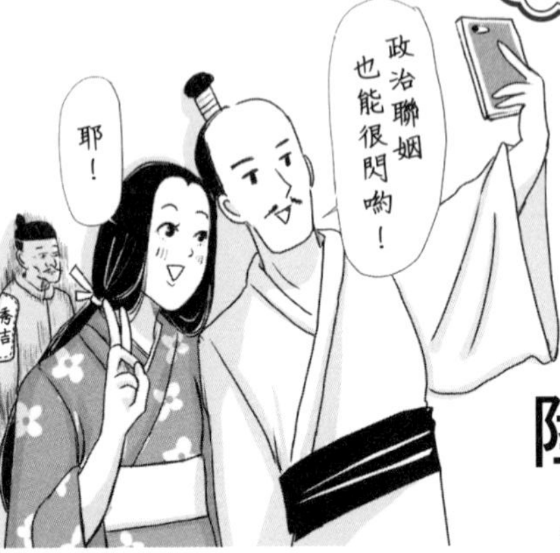

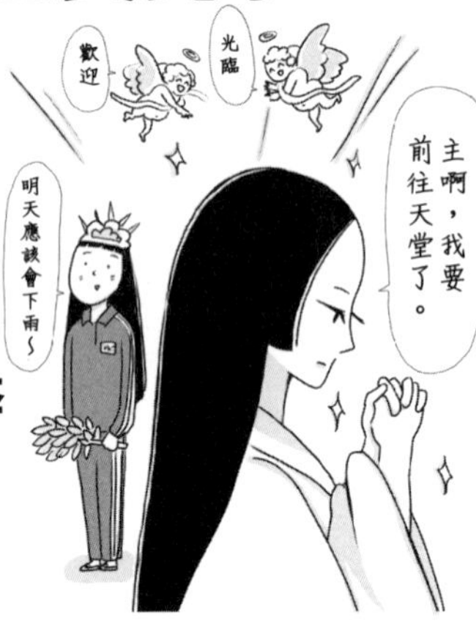

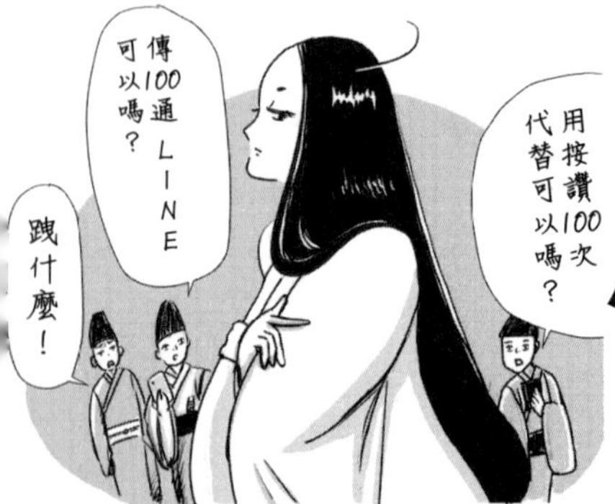

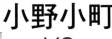

政治聯姻也能很閃喲！

用按讚100次代替可以嗎？

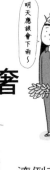

拔
看我的

媽呀
也太正
怦怦

歹勢，
老子沒錢啦

哦呵呵呵
女帝中的女帝

哪裡像……
呵呵呵
眼睛跟把拔一模一樣呢！

人生爽爽過～
NYOIN

遵命！母親大人
狗的地位比人高喔

才高八斗　氣度超脫

第三場　才華洋溢，因才而溺

從王朝到明治，打造女流作家的龐大系統

推動女子教育不遺餘力的兩位才女

明治才女與日本第一位總理的風花雪月

偶像不是現在才有——那些歷史上的大明星

因愛執著　渾然忘我

第四場 為情奔走，為愛而生

唉～好多人
愛我好煩喔
喵
妳這個○癡

我的他是皇子大大，霸道皇子都愛我

道鏡北鼻，
你要當天皇嗎？

八卦狗仔最愛這味——桃色政爭風暴

再陪我一下
好嗎？
糟糕
咚～咚～
好……

老了也要愛！

不得了了！
噠噠噠

原來我不是你的唯一！

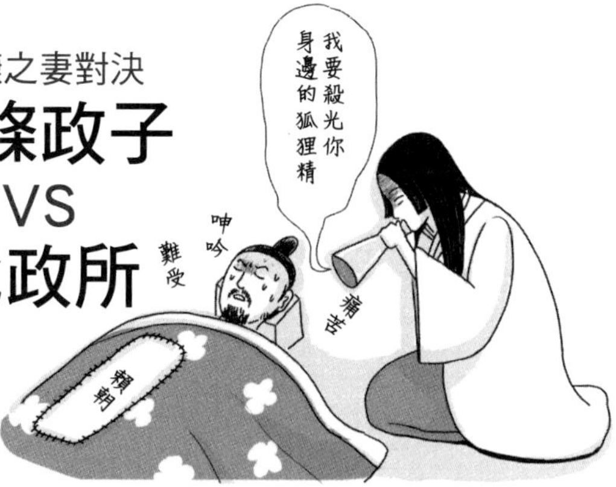
我要殺光你身邊的狐狸精
呻吟
難受
痛苦
賴朝

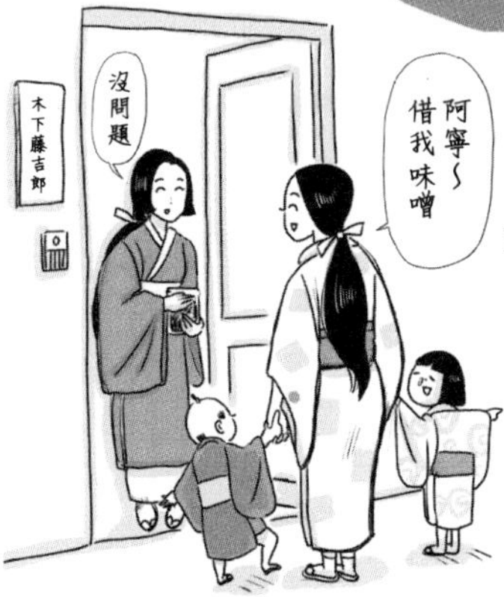
木下藤吉郎
沒問題
阿寧～借我味噌

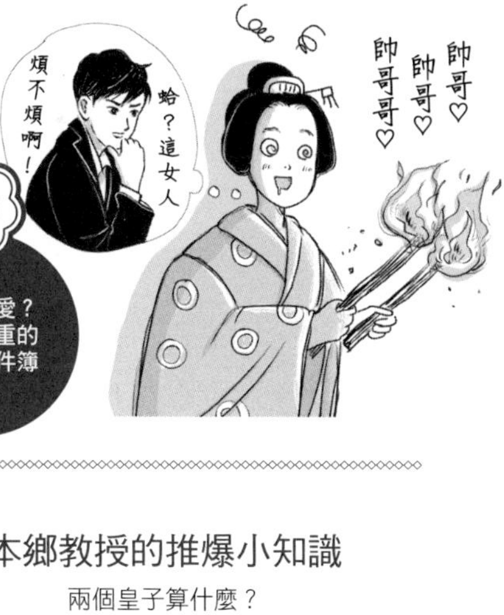
煩不煩啊！
蛤？這女人
帥哥♡
帥哥♡
帥哥哥♡

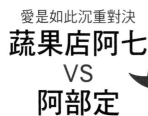

秀麗端莊

第一場

成也美貌，敗也美貌

才貌雙全

戰國第一名花和鹿鳴館之花，誰才是不容動搖的花王？

其壹

令秀吉墜入情網的織田家公主

阿市

絕世美女　對決

陸奧亮子

明治社交界的超級名媛

阿市是織田信長的妹妹，有「戰國[1]第一美女」之美稱。

有作品把阿市寫成精明能幹的「女版信長」，也有些作品把她塑造成紅顏薄命的形象。之所以會差這麼多，就是因為世人對阿市的真面目一無所知。

織田家多子，信長的姐妹眾多。基本上，

大名[2]若真重視姐妹或女兒的幸福，是不會將她們嫁給其他大名的，因為大名之間隨時可能反目成仇，導致媳婦在母家和夫家之間左右為難。為此，大名如果想讓姐妹或女兒過上安穩的幸福生活，通常會將她們嫁予家臣。德川家康的孫女千姬就是一個例子，她原本嫁給了豐臣秀賴[3]，豐臣家滅亡後，家康便安排她改嫁給德川家的大臣本多忠刻。想必家康爺爺是看孫女受了這麼多苦，不捨她再次淪為政爭的工具。

即便如此，信長還是將阿市嫁給了大名淺井長政。這是考慮到當時淺井占據了現在的米原、彥根等地，信長則是以尾張、岐阜為據點，如果信長要出兵京都，必定得通過淺井長政的勢力範圍。信長為了拉攏長政，將貌美如花的阿市嫁給長政，與他結為親家，希望藉此讓兩家保持良好的關係。然而，最後淺井長政卻與織田信長反目成仇，讓阿市面臨**「不知該選淺井夫家還是織田母家」**的抉擇難題。

1. 日本時代劃分。起始時間眾說紛紜，一般是以一四六七年發生的應仁之亂為始，一六一五年豐臣氏滅亡為終。
2. 日本古時對地區領主的稱呼。
3. 戰國時代豐臣秀吉之子。

面臨相同難題的還有鎌倉時代[4]的北條政子，最後她背棄了夫家源賴朝，選擇站在母家北條這邊。同樣選擇母家的還有伊達政宗[5]的母親，她在暗殺兒子政宗失敗後，回到老家最上家。不過，當時有愈來愈多女性選擇幫助夫家。

阿市應該也是其中之一，畢竟沒有紀錄顯示阿市特別將淺井家的情報回傳給信長。最後長政油盡燈枯，被信長所滅，阿市只能帶著三個女兒回到織田家。她的大女兒茶茶後來成為豐臣秀吉的側室，也就是歷史上的淀殿；二女兒名為阿初；小女兒阿江則嫁給了德川秀忠[6]。

信長在本能寺遇害後，阿市梅開二度，嫁給織田家最有勢力的家臣——柴田勝家。當時豐臣秀吉對阿市一往情深，信長死後，秀吉曾想納阿市入門，但因為秀吉在攻打淺井家時不遺餘力，導致阿市對他恨之入骨：「**這隻可恨的猴子，竟敢滅掉我們淺井家**。」有人說，阿市就是因為討厭秀吉，才嫁給秀吉的死對頭柴田勝家。該傳言自古流傳至今，但其實沒有任何史料記載秀吉迷戀阿市，又或是阿市痛恨秀吉。不過，正如我們之後在「北政所」的篇幅內提到的，秀吉因為對自己的出身很自卑，所以對公主特別情有獨鍾。而織田家的公主對他而言更是別有意義，畢竟那可是織田主公家的公主。就這點而言，秀吉迷戀阿市其實也不無可能。

但在我看來，阿市選擇嫁給柴田勝家，而非當時最可能統一天下的秀吉，可見她**應該超討厭秀吉**。再說，秀吉本來就不是女生會喜歡的

4. 日本時代劃分，西元一一九二年至一三三三年，鎌倉幕府掌權的時代。較為人知的將軍有源賴朝、源賴家……等。
5. 戰國時代的地方大名，以獨眼聞名。
6. 德川家康之子，江戶幕府的第二代將軍。

類型。如何？這樣看歷史是不是很有趣呢？

最後，柴田勝家在決戰中敗給了秀吉，在現今福井市的北之庄城自盡。赴死前，勝家將阿市的三個女兒送到秀吉處，並要求阿市不要隨自己而去，但阿市不肯，堅持要與勝家同生共死。**她忠於己願與丈夫共赴黃泉**，雖然死時還不到四十歲，但卻是她自己選擇的命運。

我認為，勝家雖然在沙場上吃了敗仗，卻是一個非常幸福的男人。織田家的年輕人都很崇拜勝家，相信對阿市而言，勝家應該是個超有魅力的老公。賤岳之戰[7]時，勝家的部下前田利家臨時倒戈，勝家居然把人質直接還給利家，要他在秀吉陣營好好努力向上。沒錯，前田勝家就是這樣一個超有男子氣概的好人，阿市能嫁給這種男人，應該很幸福吧。

由此可見，阿市願意與勝家一同赴死，應該不是走投無路之下的被動決定。或許她不想再當政治的棋子、不想再被派去政治聯姻，但除此之外，她更想主動做出選擇。女兒們還有大好前途，不必帶著她們共赴黃泉，阿市則選擇在這個時間點為自己的人生拉下帷幕。「死」何嘗不是一種選項？再說，如果她活了下來，秀吉非要納她為側室，那可就麻煩大了。

接著我們來看看**陸奧亮子**。亮子是維新功臣——外交官陸奧宗光的妻子，她和戶田極子被雙雙**稱作「鹿鳴館[8]之花」**。如果她們組成女子團體「鹿鳴館 Flowers」，阿宅一定會分成「極極派」和「亮亮派」，為了誰是中心人物而彼此爭鋒。

亮子出身旗本[9]名門，後因家道中落才到新橋當藝伎，成了**「新橋名花」**。陸奧宗光就是亮子當藝伎時的恩客。妻子過世後，宗光便娶了亮子為妻。不要覺得奇怪，明治時代的政府高官、功臣常有人與藝伎或遊女[10]結婚，這種事在當時可說是家常便飯。我認為這是值得嘉許的事，因為這些男人是正大光明地把對方娶進門，而非偷偷

7. 柴田勝家與豐臣秀吉為爭奪織田家內權力所引發的戰爭，最後由秀吉得勝。
8. 明治時代日本華族的宴客場所，專門用來接待外國賓客。
9. 日本武士的一種身分，為將軍的直屬家臣團。
10. 日本古時對娼妓的稱呼。

摸摸地金屋藏嬌。伊藤博文、山縣有朋[11]娶的都是藝伎，木戶孝允[12]的妻子是京都第一藝伎，薩摩[13]出身的海軍山本權兵衛的妻子以前也當過遊女。相較於有處女情結的江戶時代[14]，**觀念開放的明治時代要來得好多了**。

陸奧宗光曾參加坂本龍馬的海援隊[15]，龍馬曾稱讚宗光：「不當武士還混得下去的，大概只有我跟陸奧宗光了。」宗光也很崇拜龍馬，在龍馬遭人暗殺後，宗光還發起了「天滿屋事件」，砍死兇手為龍馬復仇。宗光下半輩子發揮了各種外交手腕，給人一種「文科男」的印象，一想到這樣的他竟然也會揮刀砍人，就覺得相當奇妙。

宗光在西南戰爭時採取反政府行動，遭判五年刑期入獄，後來獲特赦三年出獄。丈夫不在的期間，亮子**全力守護家庭**，**用心侍奉公婆**，甚至幫忙照顧宗光與前妻生的兩個兒子，堪稱模範良妻。

這段時期陸奧宗光也沒有閒著，在獄中拚命寫信給亮子。這些信件留存至今，從內容可看出他們彼此相思相愛，實屬一對**恩愛夫妻**。

陸奧宗光是個出類拔萃的人才，他有個外號叫「剃刀大臣」，雖然不具領袖風範，

卻很有才幹，是個非常出色的外交官。明治時期，日本政府處心積慮想要修改舊幕府跟外國締結的不平等條約，宗光正是當時的外交第一線人員。當時墨西哥率先

11. 明治時代的政治家，曾擔任內務大臣和內閣總理大臣，被稱為「日本國軍之父」。
12. 幕末到明治時代初期的武士、政治家，又名桂小五郎，是維新三傑之一。
13. 相當於現在的鹿兒島。
14. 日本時代劃分。西元一八〇三年至一八六七年，以德川家康於江戶（現東京）設置幕府為始，大政奉還為終。又稱德川時代。
15. 幕末時期以坂本龍馬為主軸結成的貿易組織，一般認為這是日本第一間有限公司。

跟日本簽訂平等合約——《日墨修好通商條約》，有了這個先例，陸奧宗光也陸續跟其他國家締結不含治外法權的平等條約。

亮子則一直支持著先生。宗光赴華盛頓擔任駐美使節期間，亮子成了鼎鼎有名的**華盛頓交際花**。她真的很有一套，不僅貌美如花，還富有知性，談起話來詼諧有趣。在物以稀為貴的催化下，**當時的日本女性在國外都受到相當好的評價**，雖說有一部分是受到異國風情的加持，但亮子當時在外國可是享有盛名。

亮子用心輔佐丈夫，生兒育女，最後壽終正寢。就這層意義而言，她度過了一個美好的人生。一般說到日本史上的美女，都會立刻想到她。雖然沒留下什麼膾炙人口的故事，但**陸奧亮子真的很漂亮**，**說到這個名字就想到美女**。這種外表上的評價好像沒什麼內涵，但能被人美女美女地叫，此生足矣。

本鄉教授的判定！

陸奧亮子		阿市
擁有被譽為「鹿鳴館之花」的美貌 社交能力極為出色 照顧家庭無微不至	優	就是個世人公認的大美女 依自己的意願再婚 與柴田勝家同生共死
出身旗本名門， 卻因為家道中落而淪為藝伎 丈夫陸奧宗光曾下獄為囚	劣	第一任丈夫被兄長擊敗， 第二任丈夫被兄長的部下所滅 三個女兒也命運多舛

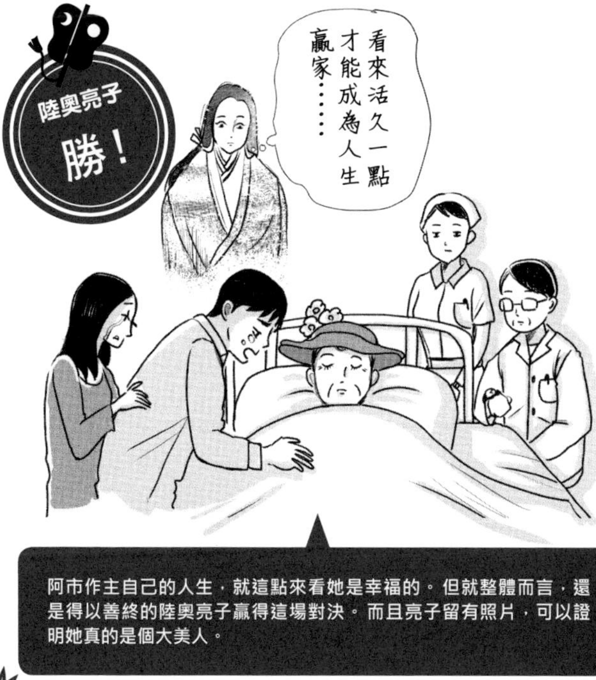

阿市作主自己的人生，就這點來看她是幸福的。但就整體而言，還是得以善終的陸奧亮子贏得這場對決。而且亮子留有照片，可以證明她真的是個大美人。

幫「神靈代言」的女人

其貳

充滿神秘的古日本巫術女王

卑彌呼

神力美女　對決

細川伽羅奢

皈依基督教的悲情女性

卑彌呼是倭國女王，她是神明的代言人，也就是所謂的巫女。當時，握有政治實權的人是卑彌呼的弟弟，而這種權力組合在歷史上相當常見，由女性代表精神權威，男性則握有政治實權。

北條一家就是如此，尼將軍[16]北條政子非常受到武士尊崇，實掌大權的

則是她的弟弟北條義時。沖繩的琉球王朝中，由男性國王掌握現世的政治權力，女性擔任聞得大君[17]，負責統轄其他祝女。

天皇家亦是如此，由女性皇族出任伊勢神宮的齋皇女，幫皇室祀奉神明，賀茂神社的齋皇女甚至不可有男性的另一半，這也是**「政治歸男，宗教歸女」的標準例子**。日本民俗學專家──柳田國男將這種「女性擁有巫術力量，可守護男性權力」的思維方式稱作「妹力」。那麼，這種神與政治的組合，哪一方比較尊貴呢？愈到後世你會發現，現實的力量（政治）變得更為強大。反之，愈是久遠的年代，愈重視祀奉神明的力量。卑彌呼就是一個例子，她貴為倭國女王，弟弟則扮演輔佐她的角色。

以前只有中國史料有卑彌呼的事蹟記載。當時中國正值魏朝，《魏志倭人傳》中留有日本來使的紀錄。在中國的眼中，周遭國家全是野蠻人，所以總是一副「高高在上」的態度。「倭」這個字其實是一種蔑稱，是「矮冬瓜」的意思。他們還故意選用看起來很野蠻的字，將日本國名記載為「邪馬台國」。

16. 北條政子落髮為尼，又令孫女婿藤原賴經出任大將軍，故得此名。
17. 「祝女」為古代琉球國的女祭司，「聞得大君」為最高級的祝女。

卑彌呼（Himiko）原本應該是「姬巫女（Himemiko）」，也就是祀奉神明的人、神明之妻。古今中外這種人都有一個共通點，那就是「未嫁」。能成為神明妻子的人選，顏值應該都很高吧！想必卑彌呼肯定也是個美人胚子。

這麼說好像有點對不起卑彌呼，但是說老實話，就算她是代言人，神明也不會真的跟她說：「欸，接下來蓋個古墳吧。」身為神明代言人，必須要判斷「**這個時間點說什麼神諭比較有效果**」。雖說卑彌呼可以找弟弟商量，但這個工作若不夠聰明，肯定是做不來的。由此我們可以推論，卑彌呼應該是個冰雪聰明的美人。

此外，調查古墳時代的遺骨發現，這個時代的日本人其實身材都很高。日本人後來之所以慢慢變矮，是因為佛教傳入日本後，鼓勵大家不要吃肉。江戶時代的日本人是最矮的，明治維新後大家又重拾肉味，才又開始長高。因此，卑彌呼那個時代的日本女性，應該比較趨近現在日本高䠷美女的形象。

卑彌呼去世後，她的弟弟並未直接取而代之，而是讓一個名叫「台與」的女性繼承女王之位。女性以神明代言人之姿君臨天下，在那個時代是非常自然的事。一般認為女神「天照大神[18]的原型是女天皇持統天皇」，但就這個脈絡來看，「**天照大神**」

應該是由卑彌呼這種女性神明代言人的形象濃縮而成。

另一位**細川伽羅奢**則是明智光秀的女兒，她在皈依基督教前的名字是小珠。**小珠是個正妹，她的丈夫細川忠興也是個帥哥**，兩人本是一對人人稱羨的俊男美女夫妻，然而一場本能寺之變，卻讓夫妻倆的關係變了調。

明治光秀富有人文素養，做什麼都難不倒他，又是個冷靜沉著的帥哥，這讓小珠相當

18. 日本神話系統中的主神。

戀父。然而，她的「好把拔」卻發起了本能寺之變，殺死了自家主公織田信長。光秀之所以敢這麼做，是認定自己的親家，也就是小珠的公公——細川幽齋一定會幫自己撐腰，畢竟幽齋不只是他的親家公，還是他的部下兼好友。然而，幽齋卻沒有站在光秀這邊，這對當時的社會投下了一顆震撼彈，其他人看到幽齋的反應紛紛心想：「真的假的？連幽齋也不幫光秀？那光秀不就完蛋了？」小珠看在眼裡，**一定對公公恨得牙癢癢的，覺得是他把爸爸害得如此下場**。

光秀遭滅後，丈夫忠興便將小珠幽禁在京都內地一個叫味土野的地方。就當時的情況來看，**這其實是忠興的一種愛妻表現，他想藉此保住小珠的性命**。先不說別的，在當時那種社會氛圍下，忠興沒有跟光秀的女兒離婚，就可看出他對小珠的愛有多深了。不僅如此，忠興還經常來往味土野，在那裡讓小珠懷孕生子。但小珠是怎麼想的呢？可想而知，她肯定是心灰意冷，覺得丈夫把自己關起來，還對她的身體予取予求。忠興深愛著妻子，兩人關係出現裂痕後，他也變得不太正常。

忠興本就具有強烈的精神虐待傾向，有如跟蹤狂一般，對愛情非常執著。會對妻子精神虐待的丈夫，通常在外都表現得非常出色。忠興也是一樣，在外他是個明君，

優秀幹練，但在家裡，有一次小珠只是稱讚廚師做的菜好吃，忠興就把廚師的頭砍下來，送到小珠面前。沒想到小珠竟然毫無反應，連個尖叫聲都沒有。忠興見狀生氣地說：「妳這女人脾氣還真倔！」小珠回答：「**誰讓魔鬼的妻子是蛇呢？**」雖然不知道這個故事的真實性有多高，但這對夫妻真的是對奇葩，總覺得，他們分手應該會比較幸福。

在這樣的家庭環境下，小珠只能向外尋求救贖。

忠興在好友高山右近的介紹下認識了基督教，小珠對基督教的教義相當感興趣，便派侍女幫忙牽線，好不容易才與傳教士相見。當時的傳教士在報告上這樣描述小珠：「我從未見過如此美麗又充滿知性的女士。」之後小珠受洗為基督教徒，改名為細川伽羅奢。

然而，伽羅奢成了基督教徒後，卻為細川家殉死。當時忠興面臨危急之際，他在出征關原之戰[19]前下達家令：**「我不在時若發生什麼事，就把我的妻子殺掉，大家一起去死！」**伽羅奢也做好為守護名譽不惜一死的心理準備。但因為基督教徒不可自戕，伽羅奢為此還特意請示傳教士，傳教士告訴她：「耶穌基督會原諒妳的。」石田三成的軍隊兵臨城下時，伽羅奢在幫助婦孺逃命後自我了結生命。伽羅奢雖然恨透了細川家，卻還是為了她那個跟蹤狂老公和夫家的名譽而死。在伽羅奢的犧牲下，關原之戰結束後，細川家的領地從原本的十二萬石[20]升級為四十萬石。

19. 德川家康取得天下的關鍵戰爭，主要由德川家康帶領的東軍對抗石田三成等人所領導的西軍，細川忠興屬德川陣營。
20. 日本古時用來表示土地生產力的單位。

本鄉教授的判定！

細川伽羅奢		卑彌呼
父親是全能武將明智光秀 丈夫細川忠興文武雙全 本人也是才貌兼備	優	古日本的精神支柱 具有國際觀，派遣使者至大陸
父親因突然謀反而敗亡 丈夫對外是明君， 對內卻是精神虐待狂 本人脾氣也異常倔強	劣	只能從中國的史料上 找到她的紀錄 關於邪馬台國的位置 至今仍有爭議

細川伽羅奢
勝！
主啊，我要前往天堂了。
光臨
歡迎
明天應該會下雨～
我個人很喜歡伽羅奢，因為她不只才貌雙全，更散發出一股現代女性「做自己」的美。

誰說人美一定幸福？

其叁

小野小町

日本第一高峰：名留青史的高嶺之花

潦倒美女　對決

虎御前

急轉直下的大磯純愛故事

小野小町與埃及豔后、楊貴妃並列為「世界三大美女」，只不過呢，這三大美女之說只在日本國內流傳，而日本人竟然就在國際名單中卡位了一個「自己人」，真的很要不得。

撇開這件事不談，小**野小町本身就是美女的代**名詞。她是日本史上第一大美女，江戶時代有首川柳[21]是這麼寫的：「弁慶跟小町　都是笨蛋兼傻瓜　對吧老婆子」。弁慶每天追著義經跑，一直保持處男之身，民間也流傳小野小町到死都是處女，這首川柳要表達的是：「跟他們比起來，我很慶幸自己能跟老婆這麼恩愛。」沒錯，小野小町在日本就是那麼有名，有名到成為川柳的寫哏。但其實，大家並不清楚歷史上的小野小町是什麼樣的人。

「秋田出美女」，有一說認為小野小町是秋田人。平安時代[22]設有「采女」制度，各地都必須向朝廷進獻當地美女，在各種活動上擔任舞姬。據說小野小町就是秋田獻上的采女，雖然她在宮中的地位不高，但在嬌豔美麗的采女之中，依然藏不住小野出眾的美貌。

不過，坊間幾乎沒有她婚姻幸福的傳言，大多都說她**「仗著自己漂亮對男人不屑一顧」**，是個**「討人厭的傲慢女」**。

21. 日本定型詩之一，由三句組成，每句唸音分別為「五、七、五」字。
22. 日本時代劃分，西元七九四年至一一八五年。

其中最經典的故事就屬她和深草少將的故事——《百夜通[23]》了。深草少將請小町與他交往，小町答覆：「如果你連續一百個晚上來找我，我就當你的情人。」深草少將風雨無阻地來了九十九夜，卻在最後一晚遇到暴風雪，凍死路邊。少將死後，小町對男人的要求也愈來愈走火入魔，最後迎來悲慘的結局。

不過，你不覺得這個故事很厭女、對女性充滿了敵意嗎？其實我很明白這種心情，很多男人在女性面前都很自卑，覺得對方不會把自己放在眼裡，這樣的想法經過扭曲後，就會昇華成「對美女的恨意」，形成一種精神上的吶喊。尤其像小町這種「兩千年才出一個的大美人」，很容易就會成為男人的箭靶。

日本有種繪畫題材叫九相圖——用九幅連圖來描繪美女從死亡腐化成白骨的過程，其中很多都是以小町為模特兒作畫。九相圖大多是由寺廟創作，表面上是為了表達「諸行無常」，但據說，這其實是那些對女性還興致勃勃的年輕僧侶別有用心，想用這些畫來告訴世人：「**這就是你們日思夜想的女人的真面目！**」

描寫小町年老後的能劇[24]——《卒都婆小町》也是一個例子。只能說，小野小町真的是「**因美貌而受害**」的典型象徵，她並沒有因為長得漂亮而被男人捧在手掌心，反而成為那些魯蛇男的恨意出口。

和歌集《百人一首》中收有小野小町的和歌[25]作品，這證明了小町是真實存在的人物。至於《曾我兄弟復仇記》中的女主角——**虎御前**，則較偏向傳說中的人物。為什麼說「較偏向」呢？因為她很有可能是以真實人物為原型塑造出的角色。

23. 日本能劇故事，裡面的男主角名叫深草少將。
24. 一種戴面具演出的傳統日本表演藝術。
25. 日本傳統詩歌。

來找我100次
我才肯答應
用按讚代替100次可以嗎？
傳100通LINE可以嗎？
踹什麼！

現今神奈川縣的大磯以度假村聞名，但其實，該地在古時是大型驛站，有驛站就有遊女，而**虎御前就是大磯的三大遊女之一**。她遇見了曾我兄弟中的哥哥十郎，並與他墜入情網。

曾我兄弟是伊豆知名豪族——伊東家的少爺。在故事設定中，他們的父親名叫河津祐泰，是一名平定以河津櫻出名的河津[26]之地的武士。祐泰在家族內部鬥爭中被一名叫工藤祐經的人物所殺，之後祐泰的遺孀改嫁給曾我祐信，兄弟倆就此改姓曾我。

曾我兄弟一直想找機會向工藤祐經報仇，但祐經是深受源賴朝喜愛的文官，經常在賴朝身邊工作，很難找到機會對他下手。曾我兄弟歷經千辛萬苦，終於得償所願，成功報了殺父之仇。

然而，兄弟倆殺死祐經後，卻被賴朝的家臣團團包圍。哥哥十郎當場遭到斬殺，弟弟五郎被捕後也遭處死。失去情人後，虎御前落髮出家，日日為兩兄弟祝禱，祈求冥福。

值得注意的是，若沒有**遊走全國的遊走巫女**，就不會有《曾我兄弟復仇記》這個故事。

之後我們會在「出雲阿國」的篇幅中介紹，「遊走巫女」是沒有固定開業據點、在日本各地遊走的遊女。她們的階級地位比一般遊女低，居無定所，應客人要求唱歌跳舞。除了歌舞，她們還提供另一個重要的服務——「**說故事**」。《曾我兄弟復仇記》

26. 位於現今的靜岡縣。

就是其中一個故事，而到了故事尾聲，遊走巫女總會說：「不瞞你說，**我就是曾我哥哥的情人——虎御前。**」經過遊女們的廣傳，才有了《曾我物語》，並孕育出虎御前的傳說。

順帶一提，虎御前的「御前」是對女性的敬稱，源義經的母親常盤也被世人稱作「常盤御前」。

請容我再次強調，日本一直到室町時代[27]為止，**都不會特別歧視賣春的女性**。有趣的是，以前很多貴族的生母都是遊女，有些家庭的哥哥是遊女所生，弟弟是貴族所生。但這會影響他們繼承家產或爵位嗎？並不會。

在這樣的社會背景下，虎御前的遊女身分並不會讓她扣分，曾我十郎不會嫌棄她跟很多男人在一起過，反而會引以為傲，覺得自己「**交了個超人氣女友**」。用現在的眼光來看，就是跟當紅偶像交往的感覺。

27. 日本時代劃分，西元一三三六年至一五七三年。

本鄉教授的判定！

虎御前		小野小町
超人氣女友 店裡的業績冠軍 悲戀故事女主角	優	兩千年才出一個的大美女 作品被收錄在《百人一首》中的知名歌人
不確定是否真有這號人物 深愛的男人雖然如願以償，卻命喪黃泉	劣	自尊心過強 追求難度過高 招致魯蛇男的怨恨

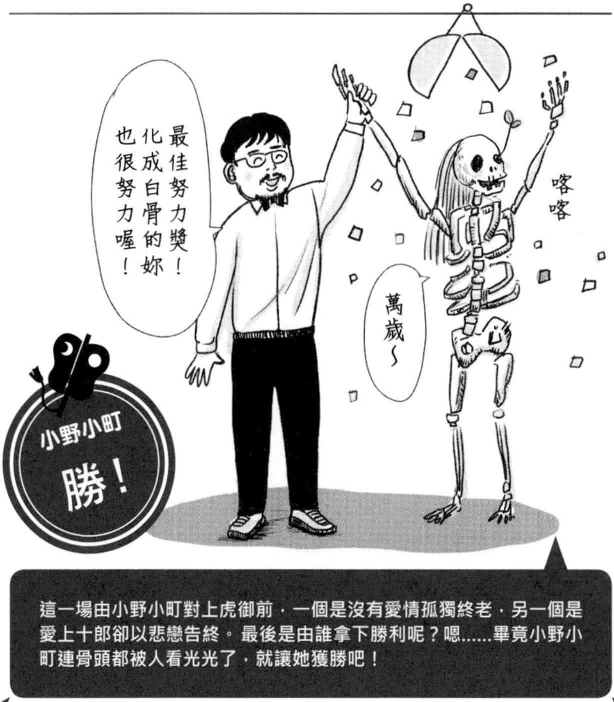
最佳努力獎！化成白骨的妳也很努力喔！
喀喀
萬歲～
小野小町
勝！

這一場由小野小町對上虎御前，一個是沒有愛情孤獨終老，另一個是愛上十郎卻以悲戀告終。最後是由誰拿下勝利呢？嗯……畢竟小野小町連骨頭都被人看光光了，就讓她獲勝吧！

捲入干戈，披甲上陣的男裝美女

其肆

男裝美女　對決

巴御前

堅強而美麗，從青梅竹馬到舉案齊眉

川島芳子

被父權社會折騰一生的悲劇女主角

很多人只知道**巴御前**是木曾義仲[28]的情人，但其實，她不僅是武將的情人，**還親自披甲上陣**，而且長得美若天仙。可惜的是，可信度較高的史料上並沒有她的詳細記載。

木曾義仲是中原兼遠的養子，而中原兼遠是信濃國[29]木曾的地方勢力，膝下有樋口次郎兼光、今井四郎兼平兩個兒子，義仲從小與這兩兄弟一起長大。有一說認為，小巴是兩兄弟的妹妹，跟義仲是青梅竹馬，但又有人說不是，這一點至今未明。此外，義仲有個兒子名叫清水冠者，曾被義仲送到源賴朝那裡當質子。據傳該少年的生母就是小巴，但就兩人的年齡來看，小巴應該生不出這麼一個兒子。

先撇開這些不談，**小巴就是個「美強人」**——又美又強的女人。根據《平家物語》的記述，義仲跟源義經交戰完後對小巴說：「妳逃走吧！逃離戰場吧！我不想被天下人恥笑，說我跟女人共赴黃泉。」同樣身為男人，我敢肯定，義仲是基於對小巴的愛才這麼說的。他希望小巴活下去，但如果直接叫小巴走，她一定聽不進去。小巴聽完對義仲說：「那就讓我為主公您獻上最後一齣好戲吧。」然後衝鋒殺敵，**把敵兵的頭扭砍下來**。

「扭砍」這個詞是有一番學問的，因為要直接扭斷人頭並不簡單，所以得先用力

28. 又名源義仲，是日本平安時代末期武將。
29. 相當於現在的長野縣。

把人的脖子折斷，再用短刀把頭整個砍下來。很驚人吧？小巴就是能做出這種驚人之舉的女人。

最後，木曾義仲戰死沙場。他的手下大將——今井兼平與他主僕一心，又是從小一起長大的好兄弟，兼平見到義仲戰死，也咬著刀子下馬自刃，**最後一程走得極為悲壯**。

有人認為，義仲滅後，巴御前便被帶到源賴朝陣營，一個叫作和田義盛的大叔看中小巴的美貌和超強戰鬥力，想要跟她生個強大的男寶寶，便以此為由向賴朝求娶小巴，並和她生下了朝比奈三郎這個超強勇者。但這只是一種說法，是否為真就不得而知了。

不用懷疑，這個世界上有我這種運動白癡男，也有在奧運奪得柔道金牌的超強女選手。如此仔細想想，**女性只要鍛鍊的話也能跟武者（將）一樣**，所以有男裝的女性武者（將）的存在一點也不奇怪。如果讓我跟巴御前或現代女選手打一場，我肯定會在兩秒內被打趴——這一點我倒是很有信心。

另一位是**川島芳子**，她是**清朝皇族之女**，父親正是愛新覺羅醇親王。醇親王有五名妻妾，膝下子女多達二十八名，川島芳子正是其中之一。清朝滅亡後，醇親王便將她託付給日本人川島浪速照顧。

川島浪速是一名大陸浪人，也就是當時想在中國發展的日本人，比較有名的還有頭山滿、宮崎滔天……等。醇親王的女兒被川島浪速收為養女後，便成了日本人川島芳子。

芳子原本在跡見女校就讀，養父搬到長野縣松本市後，她便進入松本高等女校當旁聽生。有個未被證實的**悲慘傳言，說當時川島浪速強迫芳子與他發生關係**。或許是因為這個原因吧，芳子十七歲時將自己剃成短髮，宣告要以「**男兒的身分活下去**」。芳子原本就是身分高貴的皇族，長相也相當端正，當時媒體因而將她封為「男裝美人」。沒想到媒體半開玩笑的舉動，卻為她吸引了一票女粉絲，讓她成了當紅炸子雞。

芳子成年後回到中國，結婚後沒多久就離婚。芳子當時在中國遇見駐留上海的田中隆吉少佐，**並在他的引導下踏上日軍的間諜之路**。

這段過程的詳情沒有人知道。田中之後一路高升至少將之位，並爆料「自己曾跟川島芳子在一起過」。他們倆的關係確實相當特殊，但根據周遭人的說法，實情是**田中這個醜八怪一直黏著芳子**，讓芳子不堪其擾。

身為皇族後裔的芳子顏值相當高，在田中的要求下，她開始為日軍工作，並成為眾所皆知的「**東洋版瑪塔・哈里（Mata Hari）**」、「**男裝間諜**」，沐浴在鎂光燈之下。不過，這個時期的她有如「日軍的傀儡」，令人不勝唏噓。

有段時間，川島芳子與李香蘭（又名山口淑子）非常要好，但李香蘭身邊的人認

為川島芳子行蹤可疑，因而阻止兩人來往。芳子不想讓李香蘭左右為難，所以刻意與她漸行漸遠。聽說芳子曾在寫給李香蘭的信上提到：**「每個人都在利用我，如今卻把我像垃圾一樣丟棄。」**處境十分令人同情。

最後，日軍吃了敗仗，芳子也被中國國民黨逮捕。如果她落到了共產黨手裡，肯定會成為攻擊國民黨的利器，也因為這個原因，國民黨以**「身為中國人卻對日本獻媚叛國」**為由，對芳子判處死刑。芳子為自己喊冤，說自己本就是設籍日本的日本人，何來背叛中國之說？她聲請日本政府為她提出戶籍證明，但國民黨沒等到證明送到就處決了她。

我想，芳子對於自己的身分認同應該相當苦惱，不知該把自己定位為「哪裡人」，否則她十七歲時不會說出「我要以男兒的身分活下去」這種話。之後她不幸被媒體注意到，成為當紅炸子雞，從小到大被各種勢力操弄利用，就連繼父也將她做為傀儡，進而淪為他人眼中的可疑份子，最後還被冠上「賣國賊」的名號葬送性命，過完**令人同情的一生**。

本鄉教授的判定！

川島芳子		巴御前
清朝遺珠，出身高貴，深受大眾歡迎的男裝美人從事諜報活動，有「東洋版瑪塔・哈里」之稱	優	巾幗不讓鬚眉，膽識過人的絕世美女木曾義仲旗下軍隊的武士，戰功赫赫
清朝滅亡後被日本利用，命運悲慘……被父權社會玩弄於股掌間，最後以賣國之罪遭到處決	劣	義仲敗亡有一說認為巴御前於戰後被抓到賴朝陣營

命運多舛的川島芳子實在太可憐了，這場對決就讓她贏吧。你沒看錯，這就是她獲勝的原因。

川島芳子
勝！

其伍

看帥氣尼僧如何擄獲男色將軍的心

御萬之方

錯亂美女 對決

森蘭丸

織田信長所寵愛的美男子

御萬之方原本為京都六條家[30]的公主，但當時的貴族在生活上並不富裕，六條家的地位也不是那麼崇高，所以，她其實並沒有那麼「公主」，一切都只是虛有其名罷了。

御萬之方原本要擔任伊勢神宮慶光院的院主，因為德川家是該寺的一大

贊助商，她便去跟當時的將軍——第三代將軍德川家光會面致意。那時御萬之方還是處女之身，沒想到家光看到她後，竟**為她的尼僧之姿深深著迷**，用盡各種方法要將御萬之方納為側室。家光這個人啊，是個ＢＬ（Boy's Love）愛好者，對女性興趣缺缺。大概是因為這個原因，家光才會對削髮為尼、看起來像男孩子的少女萌生愛意。

命運就是這麼奇妙，最後她為家光**還俗，住進了江戶城的大奧**[31]，並有了「御萬之方」這個稱呼。在那個年代，比起慶光院院主，當家光的側室才算是真正的人生勝利組。

據說家光**最寵愛的就是御萬之方**。說到家光這號人物，最有名的就是他的乳母——春日局了，春日局死後，便改由御萬之方掌管後宮大小事務。春日局管理下的後宮女眷質樸剛健、勤勞簡潔，御萬之方掌權後，則改走**《源氏物語》中的宮廷路線**。

30. 日本公家華族的一支。
31. 日本江戶時代將軍的後宮。

之後我們在「篤姬」的篇幅中也會提到，大奧的「**繼位者幾乎都非嫡出**」，因而出現「大奧陰謀論」的都市傳說。

基本上，將軍的正妻都是出身高貴的貴族，如果讓貴族之女生下後嗣繼位，恐讓其母家獨攬大權。為了政治考量，大奧會給懷孕的正妻喝下不好的藥物，而即便逃過一劫順利產下子嗣，最終也會葬送在大奧的暗黑內幕之中。

即便你是閉月羞花的美女，都一樣得上廁所。當時的廁所都是糞坑，挖一個深不見底的大洞讓人如廁，等臭到一個程度，就會把糞坑填埋起來。因此，只要把嬰孩丟進糞坑……**就絕對不會被人找到，輕鬆完成「完美犯罪」**。據說大奧經常發生這種可怕的完美犯罪，如果找有陰陽眼的人來看，應該是滿坑滿谷的……吧，真是恐怖到了極點！

但其實不只正妻，側室也不怎麼好過。大奧有個不成文的規定，側室滿三十歲就必須「放棄侍寢」，一旦破戒與將軍過夜，就會被貼上「不知羞恥」、「色情狂」等標籤。真是的，明明女人年過三十才是最美麗的時期啊……啊，不好意思，不小心說出我自己的心聲了。總之，大奧的世界真的令人不敢恭維。

御萬之方一生並未生養，原因至今不明。雖說她並非正室，但也可能是基於政治考量，才沒讓她

生下孩子。即便如此，**御萬之方仍是家光最寵愛的女人**，以至於她能在家光死後享**受特別待遇**。

後宮的女人在將軍死後是不能再嫁的，然而豐臣秀吉死後，他所寵愛的女人卻一個個琵琶別抱，所以德川取得天下後，開始**強迫後宮女人在將軍死後出家為尼**。

不過，御萬之方卻享有不用出家的尊爵待遇。家光死後，她留在大奧繼續掌管大小事務。御萬之方雖沒有子嗣但愛好權力，在後宮管事甘之如飴，說她一生幸福也不為過。

另一個錯亂美女則是**森蘭丸**。看到他的名字，一定有人一頭霧水：「怪了！森蘭丸不是男人嗎？」原因很簡單，因為他**深受信長的寵愛**。

信長是個雙性戀，他喜歡男人也喜歡女人。其實這在當時是很普遍的事，**戰國大名每個都有男寵對象**。真要說起來，只愛女人而且專挑公主的秀吉反而比較變態。

日本有個很下流的玩笑，叫作「蘭丸，把你的屁股帶好[32]」。戰國時代戰事連連，武將血氣方剛，又不能帶女人上戰場，所以相當盛行「男寵」，因而發展出「蘭丸，把你的屁股帶好」這種情形。順帶一提，德川家康曾帶女扮男裝的女人去打關原之戰，這又是另一種形式的變態了。

信長從年輕就相當愛好男色，他的對象包括前田利家、堀久太郎、長谷川竹……等。但有趣的是，**信長喜歡的男人都是有能之人**。他不是只看外表，更在乎能力是否出色。如果信長是現代人，他就會看對方有無學歷或實際作為。總之，信長並非外貌協會，無才無能的帥哥根本入不了他的眼。

也因為這個原因，信長的男人個個都出人頭地。更有趣的來了——信長在與森蘭丸在一起前，有個男寵叫萬見仙千代。據說比起蘭丸，信長更疼愛仙千代。當時能當上信長男寵的人，都是將來預備要壯大織田家的菁英候選人。然而，信長卻沒有因為他們是菁英候選人而捧在手心呵護，反而不斷讓他們上沙場闖蕩，派深愛的人上場作戰。說來可憐，仙千代就在一場小戰役中戰死了。

32.「把屁股帶好」為日本俗諺，意為「負責到底」，這裡則是個情色玩笑。

戰國男子的戀愛二三事

變態
專挑公主
豐臣秀吉
正常
男OK！
女OK！
織田信長
正常
尼姑OK！
德川家光
正常
只愛信長大大
森蘭丸

然而，信長對此卻不怎麼在意，他的個性就是這樣，頂多摸摸鼻子心想：「喔，千仙代戰死了。」他不是把男寵當貓咪豢養，而是像百獸之王獅子一般把孩子丟下山崖，讓他們接受殘酷的考驗。**唯有能從懸崖絕壁爬上來的男人，才能得到信長的寵愛。**

據說森蘭丸除了是個帥哥，還是個健美肌肉男。錦繪中的森蘭丸並非中性美男子，而是持槍將敵人壓制在地的壯漢。別太驚訝，這在當時的武士之戀中，是再普通不過的事了。

以前的日本可說是男男戀天國。寺廟盛行男男戀，是因為和尚礙於宗教戒律不能與女性有所交流，便把目標轉到男孩修行僧的身上。像武藏坊弁慶這種肌肉和尚，一旦聽說哪間寺廟有可愛的小男生，就會前去獵豔。同樣事情若發生在現代，那可是牽扯到虐兒的大問題。

但武家的男男戀並非如此。森鷗外的作品《Vita Sexualis》中，收錄了一篇名為〈賤芋環〉的小說。該小說寫的是戰國時代島津家的故事，男主角是個長相俊美的少年，每個人都向他獻媚求愛，最後他選擇了一名文武雙全、出類拔萃的年輕武士。值得注意的是，這不是一段中性戀情，**他們追求的是「男子氣概」，兩人結為義兄弟，立誓要一同為主公鞠躬盡瘁**。

信長和蘭丸也是一樣，他們並非女人的代替品，而是在戀情中**追求男人之美**。可以想見，蘭丸並非傑尼斯系那種美少年，而是個性剛烈勇猛的男子漢。最後他戰死本能寺，與深愛的信長主公共赴黃泉。這對蘭丸而言，應該也算是如願以償了吧。

本鄉教授的判定！

森蘭丸		御萬之方
深受信長寵愛 外表俊美，武藝高超	優	就連對女人興趣缺缺的家光 也拜倒在她的石榴裙下 於春日局去世後掌握大奧的實權
十幾歲就死於本能寺之變， 但能與信長共赴黃泉 也算一償夙願	劣	大奧瀰漫奢靡之風 未能幫將軍繁衍後嗣

御萬之方曾出家為尼，我們無從得知她有多愛家光。相對的，蘭丸則對信長主公一往情深，就看在情深如許的份上，這場對決就讓他獲勝吧！

森蘭丸
勝！

她們留下的不只是傳說

其陸

率領黑道作惡、全身刺青的女頭目

雷御新

美麗標本 對決

高橋阿傳

絕代毒婦：日本最後一個被斬首的明治死刑犯

雷御新為土佐藩士之女，於明治元年（一八六八年）時來到大阪，那年她才十八歲。事實上，她並非一開始就作惡多端，頂多是趁旅客睡覺時盜取一些貴重財物。

御新以美若天仙聞名，可惜她並未留下照片，只能從畫中得知她

是個丹鳳眼美女。在當時的日本，御新的身材算是相當高䠷，再加上氣勢出眾，因而吸引許多人拜她為「大姐大」。她帶著一群男手下四處作惡，還**紋了一身美麗的刺青**。

古時很流行將《水滸傳》中的「好漢」刺在身上。《水滸傳》是宋朝（相當於日本平安時代末期）的故事，九紋龍史進、阮小七等英雄豪傑的畫像相當受到黑道人士的歡迎，御新身上也紋了一個花和尚魯智深。不過，**她身上最主要的刺青是北條時政和弁財天**[33]。

坊間傳說，北條時政到江之島祈福時，弁財天降臨在他的面前，親手給了他三片魚鱗，所以北條家的記號才是「三鱗紋」。這個組合倒也是其來有自，不過，為何御新會選擇不是英雄也並非豪傑的北條時政呢？這一點實在令人玩味。

御新**很懂得運用自己的紋身**，她會把那些有錢的好色老頭帶到旅館裡，然後在「緊要時刻」露出全身刺青，恫嚇道：「你當老娘是誰啊？」逼對方交出金錢

33. 日本神話中的七福神之一，象徵口才、音樂與財富。

財物。

她劫財的對象不乏明治時期的大人物。據說，有次她想恫嚇西鄉隆盛的弟弟——西鄉從道，沒想到從道居然跟她說：「老子也有刺青好嗎？」然後兩人就開始比誰的刺青比較屌。雖然不知道這個故事的可信度有多高，但據說最後是從道獲勝。每次說到雷御新的故事，就一定會提到伊藤博文。好色的伊藤博文也曾淪為御新的肥羊，他滿心期待地跟著御新到旅館，卻被她的刺青嚇到交出身上所有財物，真是啞巴吃黃連。

之後御新**開始幹起強盜的勾當**，並於明治七年（一八七四年）遭到逮捕。江戶時代只要行搶或偷竊十兩（相當於現在的一百萬日圓）就會被斬首，**明治時代也延續了這樣的傳統，對強盜判以重刑**。御新遭判終身監禁入獄，並於明治二十二年（一八八九年）獲赦出獄，隔年因罹患傳染病去世，享年四十一歲。

雷御新對自己的刺青相當自豪，**她在死前留下遺言，希望能將身上的刺青留下來**，託人將她的皮膚從頸部、雙手手肘、雙腳腳跟整張剝下，鞣製成皮革，留下美麗的刺青標本。

這張刺青標本應該還留存於世，以前曾於衛生博覽會中展出，也有照片為證，可見傳言並非空穴來風，只是不確定現今落於何處。曾有傳言說實品目前位於大阪醫學大學，但調查結果顯示純屬謠言。不知道這張標本如今藏於何處呢？

另一位是**高橋阿傳**。阿傳有留下照片，真的**長得非常漂亮**。世人總是稱她為毒婦、惡女，但就現代的觀點來看，她的所作所為其實情有可原。當然，犯

罪就是犯罪，這一點毋庸置疑，但也不至於到「毒婦」那麼惡毒。

阿傳生於群馬一個叫作水上的地方，長大後嫁給同鄉男子，與丈夫一同搬到橫濱。阿傳二十二歲那年丈夫就病逝了，她成為知名毒婦後，開始有人謠傳這個丈夫是被她毒死的。但其實，阿傳無微不至地照顧生病的丈夫，丈夫死後她孤身一人，身上又沒錢，只好當別人的情婦又或是賣春維生。後來她與一名叫小川市太郎的流氓相戀同居，過著**亂七八糟的生活**。

有一次，阿傳因為缺錢，去找一名叫後藤吉藏的古董商紓困。不用想也知道，吉藏這個老頭答應借錢，**但條件是要阿傳當他的情婦**。最後阿傳跟他去了旅館獻身，沒想到隔天起床吉藏卻「射後不理」，反悔說不借她錢了。雖說沒有任何關於吉藏的紀錄，但看到這裡，我覺得吉藏應該跟我一樣，是個肥嘟嘟的歐吉桑。阿傳一怒之下，便用剃刀割斷吉藏的喉嚨。

於是，阿傳就被以強盜殺人的罪嫌逮捕了。當時復仇是件很普通的事，赤穗浪人[34]幫主公報仇甚至一度成為社會上的美談。阿傳大概是想「**以復仇為名減輕罪行**」，所以聲稱吉藏是她姐姐的仇人。雖然她極力為自己辯駁，卻未被採信，最後被判處

死刑。

阿傳於明治九年（一八七六年）八月殺害吉藏，案件一直到明治十一年（一八七八年）十月才偵查完畢。一般來說，江戶的町奉行所[35]遇到這種殺人案一定是馬上判死刑，但阿傳的案子卻拖了兩年之久，相當罕見。

明治十二年（一八七九年）初，阿傳在市谷監獄

34. 失去藩籍四處流浪的武士。
35. 江戶幕府旗下的機關，裡面有負責偵察和審判的單位。

遭到**斬首處決**。當時歷代劊子手都是承襲「山田淺右衛門」這個名字來行刑，又有「斬首淺」之稱，而阿傳是日本史上最後一個被斬首淺殺頭的人。

身為「絕代毒婦」，**世人將高橋阿傳寫成各種故事**，成為相聲、歌舞伎、小說等各種作品的題材，阿傳也成為另一種型態的明星。不過，若時代背景換作現在，我想法院是不至於判阿傳死刑的。

阿傳死的那年才二十九歲，她的屍身埋於小塚原刑場的回向院，與鼠小僧次郎吉[36]等人葬在一起。罪犯的大體似乎特別容易成為解剖的對象，據說**阿傳的性器被做成標本**，**存放在東大醫學院中**，但是真是假就不得而知了。

36. 江戶時代晚期的知名盜賊，被逮捕後遭到斬首，屍身埋在小塚原刑場的回向院中。

本鄉教授的判定！

高橋阿傳		雷御新
享有絕代美女之美譽， 無微不至地照顧重病丈夫	優	擁有讓小弟降心俯首的領導能力 靈活運用全身刺青 依自己的意願被製成人體標本
脫罪失敗，被處以斬首之刑 其所犯之罪， 在現代應可酌情量刑	劣	人果然不能幹竊盜、恐嚇等壞事， 最後遭到逮捕處刑， 留下的刺青皮也不知去向

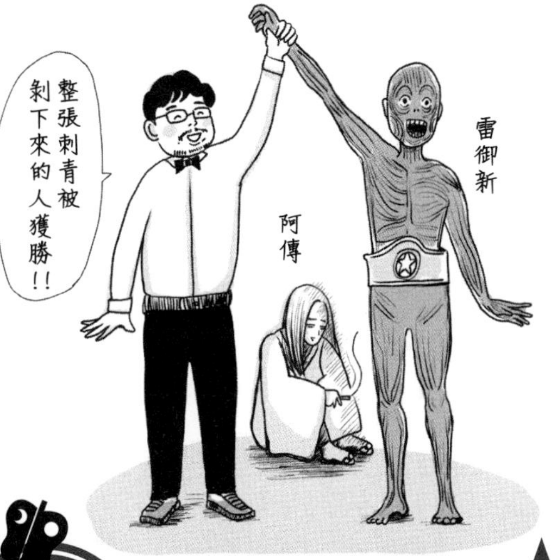

雷御新 勝！

這兩人照理說是沒有輸贏的，但考量到雷御新的刺青有留下實際照片，再加上她活著走出監獄，所以就判她獲勝了……

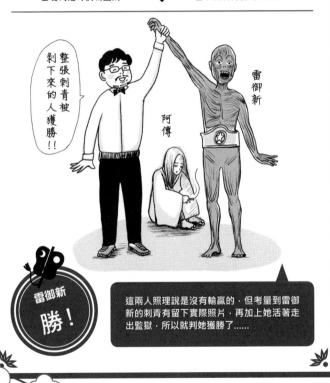

本鄉教授的推爆小知識

德川將軍家族跟美女混血後，臉愈變愈小了？

之後我們會在〈千代保 VS 阿玉〉的篇幅中，提到德川綱吉的母親——阿玉。綱吉是德川家的第五代將軍，惡名昭彰的禁止殺生、違者嚴懲的「生物憐憫令」，正是出自他之手。他的母親阿玉是第三代將軍德川家光的側室，於家光死後出家為尼，法號為「桂昌院」。

阿玉的遺體被埋葬在東京芝町的增上寺，觀察她的遺骨可發現，阿玉身型嬌弱，臉也相當嬌小。「瓜子臉」是當時「美女」的必備條件，阿玉的美貌不言而喻，畢竟當初她就是靠著自己的顏值麻雀變鳳凰。

增上寺挖出了不少德川家的人的遺骨。有趣的是，德川家族後半段的成員，臉竟有愈變愈小的趨勢。為什麼說「有趣」呢？因為德川家族的人，早期腮幫子都很寬，德川家康的肖像畫看起來就像一隻鬥牛犬，但從德川綱吉開始，卻慢慢變成了小臉。

這大概是因為：德川每一代將軍都是納美女為妻妾，所以生出來的孩子臉才會愈來愈小，進而變成瓜子臉。如何，是不是很有趣呢？

「身高矮」也是德川家族的特色之一，據說綱吉就非常矮小。三河（愛知縣）的岡崎是德川的起家之地，該處有一間叫作大樹寺的寺廟，裡頭供奉著德川歷代將軍的牌位，每個牌位的高矮不一。一說認為，這些牌位是根據將軍的真實身高所製。其中綱吉的牌位居然只有一百二十五公分，就連六歲去世的第七代將軍——德川家繼的牌位都有一百三十五公分。不過，六歲就長到一百三十五公分合理嗎？……這實在令人玩味。

野心勃勃

第二場

胸懷大志，雄才偉略

虎視眈眈

建立強大組織的女中豪傑

其壹

天照大神原型，女帝中的女帝

持統天皇

日本女帝　對決

春日局

從謀反者之女升格成德川將軍乳母

日本古代史學者倉本一宏對**持統天皇**給予了高度評價，他說：「持統天皇開拓了日本的古代史，創造了日本這個國家。」我個人非常同意他的說法。

持統天皇是天智天皇（中大兄皇子）的女兒，她的丈夫是後來的天武天皇（大海人皇子），也就是天智天皇的弟弟。換句話說，她嫁給了自己的叔父。近親結婚在現在是不被接受的禁忌，在古代卻相當常見。**在天武天皇和持統天皇兩夫妻的統治下，日本這個國家才逐漸成形**。

為什麼這麼說呢？首先，這個時代詳細整理出以天照大神這個女神為中心的神話世界，**確立了「天皇為高天原天照大神的子孫」這套傳承系統**，「天皇」這個稱號就是在這個時代出現的。在這之前，國家的首領叫作大王，大王雖然很大，但頂多只是個「王」。王的英文為「King」，天皇的英文為「Emperor」，也就是說，天武天皇和持統天皇是想要透過這個稱呼，來**強調「天皇是超越王的存在」**。

說起來，「天皇」和中國的皇帝是同一等級的稱呼。當時中國正值唐朝，說來奇怪，唐朝怎麼會允許日本使用「天皇」這個名稱呢？事實上，當時統治唐朝的正是中國史上唯一的女皇帝——武則天。就現今歷史學的角度來看，武則天是個優秀又大器的人物。也許武則天認為「天皇」這個名稱很有趣，就允許日本使用了吧。

持統天皇原本打算將皇位傳給她與天武天皇的孩子——草壁皇子，無奈草壁皇子早薨，她便立草壁皇子的年輕遺孤，也就是她的孫子為文武天皇。之後持統天皇就升格為日本第一個上皇，全心全力輔佐自己的孫子。

文武天皇於西元七〇一年將年號訂為「大寶」。一般是將西元六四五年訂定的「大化」視為日本史上第一個年號，這並沒有錯。只是在「大化」之後，年號仍多有空白，一直到「大寶」出現後，才開始習慣性地訂立年號，一直延續至今。就這層意義而言，「大寶」才是日本第一個年號。

大寶時代所編纂的**《大寶律令》是日本第一套成文法令**。這套法令被視為日本國家的基礎，在歷史上享有高度評價。也因為這個原因，我們經常將古代國家稱為「律令時代」或「律令國家」。一想到持統上皇就是編纂這套《大寶律令》的急先鋒，就不禁令人感嘆她的偉大。

各位想聽的應該不只持統的豐功偉業吧，接下來我們就來聊聊她的八卦吧！持統最崇拜的並非夫君天武天皇，而是她的「把拔」——天智天皇。也因為這個原因，她只願意把皇位傳給「天智把拔」的血脈，想方設法陷害天武天皇跟其他女人生的皇子。

這是持統的缺點，但仔細想想，**每個人都有自己的包袱**不是嗎？

持統天皇是創造日本的女性，被供奉在伊勢神宮之中。據說，日本眾神中的至尊——「天照大神」就是以她為原型。平塚雷鳥[37]之所以會說「女性本為太陽」，就是因為古代日本是由持統天皇所創立。就這點而言，持統天皇可是女帝中的女帝。

另一位「女帝」則是**春日局**。春日局本名叫作阿福，是明智光秀的重臣——齋藤利三的女兒。雖說利三只是

37. 日本知名女權主義者，其撰寫的文章〈女性本為太陽〉為日本女權運動的重要象徵。

武士的家臣，但可別因此而小看他，他可是美濃名族的嫡子。也就是說，**阿福是出身正統的千金小姐**。

本能寺之變爆發後，齋藤利三遭到處決，**阿福也淪為謀反者之女**，這讓阿福在美濃大名——稻葉一鐵的門下成了一塊燙手山芋。之後一鐵將她嫁給了旁枝家族的稻葉正成，正成本是小早川秀秋的家老[38]，後來因為跟主公處不好，在關原之戰後淪為浪人。

面對顛沛流離的人生，阿福只得自力養家。就在這時，她得知德川第二代將軍——德川秀忠在幫兒子徵乳母的消息。那個孩子名為竹千代，也就是後來的德川家光將軍。阿福應徵上後，稻葉正成對她說：「妳當上德川家的乳母後肯定會得勢，我不想落人話柄說我吃妳的軟飯，這有損我武士的名聲。」然後就跟阿福離婚了。

之後阿福搬進江戶城，全心全力照顧竹千代。但竹千代個性陰沉，用現代用語來說，就是**有溝通障礙的邊緣人**。相較於竹千代，弟弟國松則聰明伶俐，深受父母疼愛，是個**生活充實的風雲人物**。阿福見竹千代一天比一天自閉，便親自去找德川家康控訴。當時德川將軍已經引退，在靜岡過著隱居生活，聽阿福說完來龍去脈後，竟親

一列——排開
將軍大人，這麼多可愛小姐任您挑選喔！
宮廷霸主
我不是說了嗎？我想要中性一點的。
像是年輕武士啊，尼姑之類的……

自到江戶去告誡兒子媳婦：「竹**千代是繼任將軍的不二人選，國松命中注定要當家臣。**」表明要讓竹千代繼位。

竹千代從小爹不疼娘不愛，阿福則對他全心愛護關懷，說家光是在阿福的努力下坐上將軍之位也不為過。因此，家光也對阿福非常好，賦予她不亞於男性的龐大權力，讓她成為日後的春日局。

觀察春日局你會發現，她是個**用權不手軟的人**。她積極任用

38. 日本武家家臣中的最高幹部。

自己的孩子與親族，比方說，她讓自己的親戚稻葉、堀田等人當上德川的譜代大名[39]，一直掌權到幕府末年。春日局之後，也有將軍生母重用親族，但頂多只有兩、三萬石的程度。春日局「保送」自己人當大名則完全沒在客氣的，拿到的領地一個比一個大，像這樣的例子可說是前無古人後無來者。不過，這些大名都相當優秀，幫家光鞏固勢力，用心輔佐，讓家光在治世期間穩坐大位。

只是……家光對女人不怎麼有興趣，他喜歡的是男人。據說家光每每看到跟自己有「關係」的大名娶妻生子，都會妒火中燒。但身為將軍，繁衍後嗣也是非常重要的。為此，春日局想方設法幫家光找了一堆漂亮女孩，這才有了後來的「大奧」。在她的努力下，家光終於成功生下第四代將軍家綱和第五代將軍綱吉。

家光雖然是個有溝通障礙的邊緣人，但在春日局的協助下，家光身旁有優秀的家臣輔佐，為德川幕府建立了堅強的基礎，並順利生下繼位者。就這點而言，春日局實在功不可沒。

39. 幕府要職，握有高度權力。

持統天皇
vs
春日局

● 本鄉教授的判定！ ●

春日局		持統天皇
幫助家光繼承將軍大位統整大奧，輔助德川政權	優	與天武天皇聯手治國，從天皇升格上皇，為古代日本鞏固基礎
仗著有家光撐腰，毫不避諱地重用親族	劣	為了讓自己的血脈繼承皇位，想方設法陷害競爭對手有點戀父情結？

我跟妳格局不同好嗎？

氣勢凌人

媽呀～

雖說春日局是德川幕府的女帝，但跟建立日本的持統天皇比起來，格局實在差太多了！這場對決很明顯，是持統天皇獲勝！

持統天皇
勝！

誰叫古代沒有DNA鑑定呢？

其貳

為秀吉生下二子掌權

淀殿

出牆疑雲　對決

日野富子

這麼巧！小叔要繼位就剛好懷孕？

有些學者認為，**淀殿**與北政所[40]的關係並非不睦。要我來說，這完全是不通人情世故的「學者型見解」，**當兩個女人愛上同一個男人，怎麼可能不互相較勁？**事實上，淀殿非常擅長爭權，導致北政所在秀吉死後被逐出大阪城。淀殿敢這麼囂張，是因為她為秀吉生下了後嗣。但所有人都懷疑：

「那真的是秀吉的骨肉嗎？」

秀吉是秀賴的生父嗎？——關於這個問題，我們歷史學家說破了嘴皮也討論不出個結論來。因此，我特地去問了這方面的專業人士——婦產科醫師，他們異口同聲地告訴我：「應該不是。」秀吉的妾室眾多，卻只有淀殿懷孕生子，而且還生了兩個！發生這種「奇蹟」的機率可說是天文數字。就常理而言，這兩個孩子「生物學上的父親」應該不是秀吉。

不是秀吉的，那會是誰的呢？最有力的說法是大野治長。治長與淀殿是青梅竹馬，而且秀吉死後，他突然在歷史舞台上嶄露頭角。

之後我們在「千代保」的篇幅中也會提到，**母憑子貴——女人只要生下後嗣，地位權力就會一飛沖天**。再加上古時候沒有DNA鑑定，借精生子也不無可能……但如果淀殿真的這麼做，未免也太厚顏無恥了。

可是呢，我覺得秀吉對此並非渾然不知。前面在介紹阿市時，我們提過秀吉很迷

40. 豐臣秀吉的側室與正妻。

繼織田家的血脈，但終究沒有生下自己的骨肉。這就個人而言相當悲慘，就政治而言，沒有血脈上的繼位者更是一大打擊。為了後繼有人，秀吉將姐姐的孩子秀次收為養子。淀殿見苗頭不對，便與來路不明的男人生了孩子，也就是秀賴。秀吉應該什麼都知道，卻決定裝傻。無論秀賴「生物學上的父親」是誰，只要秀吉願意承認，他就是這孩子「政治上」的父親。只能說，秀吉是個貪得無厭的男人。

秀吉死後，**淀殿便以「太后」之姿掌握大權**，成為當時**大阪城實際上的「女城主」**。周遭人都奉淀殿為圭臬，她也升格為「最強單身媽媽」。不過，對豐臣家而言，淀殿掌權究竟是幸還是不幸呢？

如果秀賴能親率毛利輝元打關原之戰，像福島正則這種豐臣家出身的大名，再怎麼樣都不會和秀賴為敵。這麼一來，關原之戰的勝負可就難定了。最令人不解的是，在大坂之戰[41]中，秀賴完全沒有上場打仗，就跟著淀殿一同切腹自殺。既然左右都是滅亡，為什麼淀殿不讓兒子以武士的身分光榮戰死呢？就這一點而言，淀殿真的很壞心。還是說……她有不能讓秀賴拋頭露面的苦衷呢？比方說，秀賴跟秀吉長得一點都不像，反而很像某人……沒有啦，我亂說的啦。

這麼說或許有些殘酷，但如果淀殿真的為了豐臣家好，應該要放下無謂的自尊心，做好咬牙吃苦的心理準備，設法離開大阪城，讓秀賴接受德川家的監控，到江戶城旁邊的川越當五萬石的大名，然後自己到江戶當人質。當時秀賴已經娶了千姬[42]，若肯做到這個地步，家康也許不會將豐臣家趕盡殺絕。

41. 「大坂」為「大阪」的古名。大坂之戰是日本戰國時代的最後戰役，也是德川家康為消滅豐臣家所發起的戰爭。

42. 德川第二代將軍之女。

或許淀殿**無法放棄讓兒子一統天下的夢想**吧，雖然那不是秀吉的親骨肉。

另一位是室町將軍足利義政之妻——**日野富子**。她是個鼎鼎大名的毒婦，但說老實話，她並未做出十惡不赦的壞事，反而是個**非常出色的女性**。

日野家是在鎌倉時代中期崛起的一支貴族，後來與足利尊氏[43]結交甚深，族人嫁給第三代將軍足利義滿當正室後，便成為將軍選妻的家族之一。

富子嫁的足利義政是第八代將軍。富子雖為正室，但義政對熟女情有獨鍾，更寵愛乳母今參局。於是，富子便將今參局趕了出去，但今參局也不是個省油的燈，**竟在流放後切腹自盡**，真是絕了……太絕了。

富子為了獨占義政可說用盡了手段，但義政這個人實在很廢，政治很廢，經濟政策也很廢，軍事更廢，是個不折不扣的「廢渣」，我想富子應該很受不了他吧。因富子一直沒有懷孕，義政便下令讓出家的弟弟——足利義視還俗，打算傳位給他。一開始義視也是百般推託，畢竟如果哥哥突然有了子嗣，他的存在不是很尷尬嗎？但義政對他拍胸脯保證：「無論如何我一定會傳位給你！」並指定他為下一任將軍人選。然而，富子卻在那之後懷孕，生下一個男孩。

你們不覺得富子懷孕的時機未免也太巧了嗎？如果義視接任將軍，富子就失去存在的價值了。就在千鈞一髮之時，她剛好生了一個孩子讓自己脫困……這實在太可疑了。

之後，富子千方百計要讓自己的兒子繼承將軍之位，日野家自然是幫她撐腰，與義視形成敵對勢力，進而引發「應仁之亂」。照理來說，義政應設法調停妻子

43. 室町幕府的第一代征夷大將軍。

與胞弟的戰爭，無奈他真的太廢了，根本處理不好。義政後來與富子分居，蓋了銀閣寺，搬進去後整日沉浸在琴棋書畫之中。用現代人來比喻，他就是個逃避現實的阿宅。

富子受夠了老公，努力撐起「偽單親」的生活。她手上沒有兵權，只好化金錢為力量，在京都建關隘來收取稅金，想方設法在商業城市京都課稅蓄財。這並非因為她是惡女，而是她**善於經營，懂得理財致富**。在她這個媽媽的努力下，兒子足利義尚最終成功坐上第九代將軍的寶座。然而，義尚卻比富子早死，讓她白髮人送黑髮人。雖然富子的當媽之路相當坎坷，但她並未因此而氣餒，一直緊握著權力到最後一刻。

歷史對貪戀權力的男人通常不會多做批評，但**女性貪戀權力又有什麼不對**？依我看來，富子就沒什麼不好啊！

本鄉教授的判定！

日野富子		淀殿
善於賺錢，成功讓兒子登上第九代將軍的寶座	優	不把正妻放在眼裡，成功生下秀吉的繼承人，成為豐臣家的掌權者
留下「錢奴」的惡名，為保兒子坐上大位而引發應仁之亂	劣	說老實話她心思有點惡毒，不給秀賴展現能力的機會，導致豐臣家滅亡

女性能否掌權的關鍵在於「生下男嗣」，只能說，那個時代的女性真的很辛苦。雖說淀殿和富子都在很巧妙的時間點懷上孩子，但最終淀殿還是面對了家庭分崩離析的命運，所以判富子獲勝。

其叄

戰爭背後的女人，武士崛起的斡旋人 美福門院得子

幕後黑手 對決

來自薩摩的堅強公主 天璋院篤姬

美福門院得子是個美人兒，她不只徒有美貌，能力也相當出色。

她的父親是藤原長實，用現代官位來比喻的話，長實先是在地方當了幾任縣長，之後進入中央當正三品中納言[44]。就政治的角度來看，長實實在沒什麼作為。而得子從小就是個超級美少女，爸爸對她呵護備至，自然不會

創藝01
藝想天開
平珩的創意工作學
「人」沒有標準答案，
「心」沒有框架限制，
無論是台前還是幕後，
創意，就是你的核心競爭力！
平珩—著

讓寶貝女兒隨便嫁給路邊的阿貓阿狗。

長實死後，得子深受鳥羽上皇的寵愛，並獲頒「美福門院」的院號。「〇〇院」這種院號又稱「女院」，是女性的最高榮譽，一般只頒給皇族或高級朝臣家的女性。像得子這種沒有後台、「只能靠自己」的女人獲頒院號，實在是件了不起的事。

寵愛得子的鳥羽上皇是白河天皇的孫子，他與待賢門院璋子陷入熱戀，並生下後來的崇德天皇。坊間傳說，白河上皇也很疼愛璋子，而崇德其實是白河上皇的骨肉。這個傳言並非空穴來風，如果白河上皇真與待賢門院有染，那崇德就不是鳥羽上皇的大皇子，而是「叔父」。也因為這個原因，鳥羽上皇後來稱崇德為「叔父子」，對他又愛又恨。

爆出這麼一門疑雲，事主一般都會對女方懷恨在心，覺得對方是個「Bitch」。然而，鳥羽上皇之後還是跟待賢門院生了好幾個孩子。**就算知道對方可能背著他偷吃，卻還是深陷其中**，真是個可憐人。之後得子介入了這段感情，她深受鳥羽寵愛，

44. 日本古時朝廷官職，負責審議上奏。

還升格美福門院、生下男嗣，並成功讓崇德天皇退位，讓自己的孩子當上近衛天皇。順帶一提，得子還以天皇生母的身分當上了「皇后」，可說是非常少見的特例。

然而，近衛天皇天生體弱，很快就命喪黃泉。被迫退位的崇德本想趁勢讓自己的兒子上位，沒想到，得子竟策劃讓她的猶子（類似乾兒子）繼位，搶先一步讓猶子的父親銜接皇位，也就是後白河天皇。後白河其實是待賢門院之子，也就是崇德上皇的同母兄弟，後來崇德上皇與後白河天皇之間擦槍走火，一發不可收拾，引發日本史上**知名的保元之亂**。

後白河天皇與崇德上皇各召集了一群武士，將命運交付在這群人手中，讓他們替自己打仗。這場保元之亂發生在京都地區，打破了平安時代長期以來的和平。在這之前，日本已有三百五十年沒有發生戰爭，而在背後操盤的，正是美福門院得子。

最後，後白河天皇打敗了崇德上皇，平家由平清盛，源氏由源賴朝的父親——源義朝取勝。慈圓和尚在《愚管抄》中提及，保元之亂結束後，世間改由武家當道。經過這一戰，武士的力量覺醒，並開始掌握朝廷的命運。也就是說，**得子正是日本武家崛起的幕後推手**。

得子享有美福門院這個高度榮譽。她開啟了「院政[45]」，掀開了武士天下的帷幕，就連平清盛的崛起都與她息息相關。就握有政治權力的女性而言，得子這一生實在是心想事成，如魚得水。

天璋院篤姬是德川第十三代將軍——德川家定的正室，她嫁入德川家時，夫家正面臨生死存亡之際。

45. 日本政權從「攝政關白」轉為「幕府」的過渡時期體制。

德川將軍一共有十五人，其中由正室所生的只有第三代將軍德川家光。當時會被選為正室的女子，通常都是從小被捧在手心呵護的千金大小姐，大多數將軍也是溫室裡長大的大少爺。像這樣的組合，難有後嗣也是無可厚非。當時幕閣想幫助將軍生出嫡子，所以想幫將軍找個身強體壯的老婆。而**說到健康，第一首選當然就是超級戰鬥民族——島津家**。

幕府向島津家打聽有無適合人選。當時島津藩主為江戶時代首屈一指的名君——島津齊彬，但齊彬的女兒身體都不是很好，找遍了島津一家，最後由篤姬脫穎而出。篤姬的故鄉位於鹿兒島的指宿，一天到晚在海邊追逐奔跑，身高約一百五十七、八公分，體重有六十公斤。齊彬將她收為養女，為了提升她的身分，又請京都的近衛家收她為養女，才嫁予德川家定做為正妻。

然而，篤姬身強體壯，家定卻是體弱多病，結婚不到兩年就撒手人寰，**篤姬一下子成了寡婦**。之後，紀州的德川家茂繼位，成為德川家第十四代將軍。家茂的正室是皇女和宮，篤姬平時和這個小姑處得不好，但**兩人還是為了大局攜手合作，努力促成「江戶無血開城」**。

家茂的下一代將軍是第十五代將軍德川慶喜。當時篤姬的娘家島津家是攻擊幕府的勢力核心，面對這樣的情況，想必篤姬肯定是兩頭為難，不知該幫母家島津還是夫家德川。最後，她選擇**以德川家媳婦的身分活下去**，請西鄉隆盛協助慶喜。雖然慶喜這個將軍不受人愛戴，但如果慶喜切腹，旗下武士勢必得到江戶城開戰，這麼一來，人口超過一百萬的江戶肯定會陷入火海，造成嚴重傷亡。最後，西鄉隆盛與勝海舟的幾個首謀會談，在

危急之際決定讓江戶城無血開城。

幕府倒台後，大奧裡的女人解散回歸母家，**篤姬將自己的所有財產都分給她們當安家費**。之後島津家也想向她借錢，但她早已把自己當作德川家的人，所以並未資助母家。

明治維新後，篤姬代替生母，全心全意照顧原本要繼位第十六代將軍的田安龜之助，不但安排他從小學習英語，還讓他遠赴英國留學。最後田安龜之助成為德川家達，還娶了近衛家的女兒。篤姬看到孩子順利成家，肯定是如釋重負吧。

看到這裡，你是不是也覺得篤姬真的出色到不行呢？有趣的是，**篤姬卸下重擔後，竟過起醉生夢死的生活**。她每晚都請藝伎來喝酒，喝到昏天暗地，彷彿不知道明天在哪裡，據說勝海舟也是她的酒友之一。其實這樣也沒什麼不好，總是凡人嘛。不過，最後篤姬在入浴時腦溢血身亡，疑似是因為飲酒過度而引發高血壓。

本鄉教授的判定！

天璋院篤姬		美福門院得子
因擁有強韌體力與能力而被德川家選中，靠著優越的政治能力解開幕末難局，堅守德川家的節操	優	兼具美貌與知性，實力堅強，靠自己的力量取得院號。利用清盛和義朝在保元之亂中取得勝利。
將軍家定早逝，年紀輕輕就成為寡婦。明治維新後，眼睜睜地看著故鄉的年輕人戰死沙場	劣	為拉下對手不擇手段，最後導致貴族喪失實權，日本進入武士時代

美福門院

勝！

篤姬為了讓江戶城無血開城付出甚多，但她並未像美福門院那樣直接掌權。另外，我認為篤姬之所以會沉溺於酒精之中，或許是因為西南戰爭爆發後，她的故鄉──鹿兒島的許多年輕人在戰場上喪命。就幸福與否的角度來看，我認為這場對決的勝利屬於美福門院。

登峰造極！誰才是真正的後宮霸主？

其肆

千代保

從勞碌侍女到加賀百萬石的悠閒貴婦

麻雀變鳳凰　對決

阿玉

從商人之女到將軍之母，人如其名搭上玉轎

加賀百萬石[46]之祖，前田利家在出兵朝鮮時，長期屯駐在肥前名護屋（現在的佐賀縣）。這段期間他的正室阿松留在家鄉，是由侍女**千代保**服侍利家。

阿松之所以將服侍主公的重責大任交給千代保，是因為她非常細心伶俐，跟阿松也認識很久，兩人感情相當不錯。然而這個任務，卻翻轉了千代保一生的命運。

不知是千代保處心積慮要飛上枝頭呢，還是當時已經是歐吉桑的主公對她性騷擾，總之，**千代保在陪主公出差的時候懷孕了**，而且還是弄璋之喜。

利家把這個男孩取名為「猿千代」，大概是對正宮感到愧疚吧，一直到他死為止，都很少去看猿千代。既然利家是這種態度，千代保一定也覺得很對不起主人阿松吧……錯！她不僅沒有感到愧疚，還蹬鼻子上臉，跟**阿松「一爭高下」**！

千代保認為，自己為主公生下了男孩，當然可以跟正妻平起平坐。據說千代保在走廊跟阿松擦身而過，都會假裝沒看到這個「前主子」，由此可看出她的好強與野心，真是個了不起的女人！

歷史真的很令人玩味，利家的長男——第二代藩主前田利長膝下無子，所以由千代保的孩子——猿千代接任大藩前田家的第三代藩主，也就是後來的前田利常。再加上阿松後來到江戶當人質，**金澤簡直成了千代保的天下**。她是日蓮宗的瘋狂信徒，她

46. 加賀藩（相當於現在的石川縣、富山縣）為江戶時代規模最大、收入最多的藩，因而有此稱。

除了追求自己的榮華富貴，還捐贈無數財寶給日蓮宗，大手筆建立大型寺廟。千代保所蓋的妙成寺，現已成為日本的重要文化財。

不過，金澤城內仍有阿松的勢力。千代保的個性魯莽輕率、不懂得看人臉色，兒子利常卻相當聰明懂事，想必利常應該多少有注意到，有些家臣很不喜歡他媽媽，連帶著也對他冷眼看待。

之後，千代保跟阿松交換，前往江戶當人質。她在江戶城仍氣勢不減，透過日蓮宗的關係，跟幾個德川將軍家的妾室成為「媽媽友」，彼此炫富較勁，**花錢如流水**。千代保嘗盡人生樂趣後，於六十一歲駕鶴西歸。

千代保的人生就是當時女性「麻雀變鳳凰」的標準範例。首先要**跟主公發展出男女關係**，**讓自己的「地位」急速上升**；若能**懷上主公的子嗣**，**且平安生下男胎**，更是一飛沖天；如果兒子當上藩主，藩的錢就隨妳用、任妳花，揮霍奢侈不是夢。

令人難過的是，千代保在世時，利常因母親揮霍無度而提心吊膽，以至於千代保死後，利常沒有將她埋進前田家之墓，而是讓母親單獨在妙成寺長眠。不過，以千代保**豪邁又大剌剌的個性**，應該不會為這種小事動一下眉毛吧。

接著我們來看看**阿玉**，她的兒子正是頒發「生物憐憫令」的德川第五代將軍，德川綱吉。日文常以「搭上玉轎」來形容一個人飛上枝頭，人如其名，**阿玉搭上了人生的玉轎**。她是京都商人之女，據說他們家是開雜貨店的。阿玉長得非常漂亮，一舉應徵上六條公主的侍女。這名公主本來要當慶光院的院主，卻被德川家光看上她的尼姑裝扮，將她納為側室（詳情請參照前面的「御萬之方」），之後還收了侍女阿玉為側室。不禁令人感嘆，世事還真是難預料。

很多人以為，大奧是將軍的後宮，如果他看上哪裡的「漂亮妞兒」，只要設法追到對方即可接到大奧居住。這可是天大的誤會！事實上，大奧裡有一套「乖乖女選拔」制度，想要**進入選拔**，首先要通過大奧裡的最強歐巴桑——「御局[47]大大」，只有她們看中的人才可讓將軍「過目」。由此可見，阿玉應該是很有長輩緣、懂得察言觀色的女生，所以她才會深受家光喜愛，還為他生下男嗣。那時家光和正妻早已是「有名無實」的離婚狀態，而阿玉則是個**成功的「繼室」**。

阿玉很注重孩子的教育，她幫兒子找了一流的儒學老師，兒子也不負眾望，孝順又勤學。第四代將軍德川家綱去世後，因沒有繼位之人，便讓家綱的弟弟繼承大位，**京都商人之女阿玉的兒子就這麼進擊為日本霸主——第五代將軍德川綱吉**。

跟千代保比起來，阿玉可說是進階版的「麻雀變鳳凰」。她成功生下男孩，孩子還順利繼承大統，而且不是藩主，而是日本霸主「德川將軍」。家光死後，阿玉落髮為尼，法號「桂昌院」。身為將軍的生母，桂昌院手中握有相當的權力，但**後世卻對她惡評如潮**。

前面提到，綱吉在任期間頒布了惡名昭彰的「生物憐憫令」，導致民怨四起，埋怨將軍把動物看得比人民重要，害大家過得苦哈哈。而這個矯枉過正的「政治正確」，正是桂昌院給兒子的意見所造成的結果。她勸綱吉：「兒子啊，你一定要珍惜世間生物，尤其你是狗年生的，一定要好好照顧狗，這樣才能順利生下後嗣。」也因為這個原因，世人才視桂昌院為惡法的根源，對她百般批判。

現代對這個「生物憐憫令」則有新的看法，認為該法令讓那個原本充滿殺戮的時代，培養出尊重生命的風氣，桂昌院的評價也因此鹹魚翻身。如今，與她淵源甚深的今宮神社已成為「**玉轎祈願**」的知名能量景點，讓民眾祈禱自己也能夠跟阿玉一樣飛上枝頭。

47. 「局」是女性的名號敬稱，授與為皇室公卿、將軍家服務的重要女性，如「春日局」。

本鄉教授的判定！

阿玉		千代保
從商人之女晉級將軍情人，深受御局大大的喜愛兒子繼承第五代將軍大位	優	把握機會為主公生下男孩，兒子成為繼承人，與正妻阿松平起平坐
因鼓吹兒子給予狗隻尊爵待遇而飽受批評	劣	完全不尊重阿松揮霍無度又不懂得避嫌，害兒子處境相當尷尬

千代保

勝！

兩人順利執行「枝頭計畫」和「繼室計畫」，成功生下繼承人，掌握巨大的權力。就層級而言，阿玉是將軍之母，地位比千代保高貴許多。但德川家的女人競爭非常激烈，阿玉身在心機深重的大奧，想必經常遭人霸凌吧。相較之下，千代保是地方超有錢貴婦，生活應該比阿玉幸福快樂很多。

才高八斗

第三場

才華洋溢，因才而溺

氣度超脫

從王朝到明治，打造女流作家的龐大系統

其壹

紫式部

腐女的寶物：華麗王朝的羅曼史畫卷

暢銷作家　對決

樋口一葉

善於描寫東京老街年輕男女的情愛

紫式部是藤原道長的女兒、彰子皇后[48]的侍女，出身中階貴族。

據說她的父親當上越前地區的國司[49]時欣喜若狂，但他的身分沒有高貴到可以擔任中央官職，是個不怎麼出色的老頭。因此，紫式部的人生並不精采，甚至可以說是一個「不起眼的女孩」。一想到她把自己的妄想與心願全寫進了《源氏物語》，就覺得這女人其實還滿危險的。

《源氏物語》的男主角——光源氏，跟身邊幾乎每個女人都有染。他是超高階貴族，不折不扣的高級國民。身居高位，照理來說光源氏應該要苦民所苦，稍微關心一下人民的生活，但是他對政治一點興趣都沒有，滿腦子只有女人、女人、女人。

有段時間，光源氏因為思念亡母，愛上了與母親面貌相似的繼母藤壺宮。這段關係用現在的話來說就是戀母，除此之外，光源氏還是個蘿莉控，撫育年幼的紫之上，將她納為夫人。要是換作現代，他早就被警察上銬抓走了。順帶一提，「紫之上」也是「紫式部」一名的由來。在光源氏的眾多男女關係之中，最令人瞠目結舌的就是與源典侍這一段了。源典侍愛好風花雪月之事，這種行為在當時不會被當作「Bitch」，反而是一種迷人的特質。但是，源典侍跟十七、八歲的光源氏搞在一起時，她已經五十七歲了。要知道，那可是「人生七十古來稀」的時代，五十七歲算是相當年邁了。

48. 一條天皇的中宮，出身藤原北家，父親是當時的公卿大臣藤原道長。
49. 日本古代的地方行政官吏，由朝廷派遣任職。

也就是說，**光源氏不只有戀母情結、蘿莉控，連超級熟女也照樣下手**。《源氏物語》被譽為日本文化的精華，但男主角是這種人，描寫的又多是不正當男女關係，實在是個駭人的荒唐故事。

有件事相當令我在意。在小說中，光源氏與藤壺宮生下了一名皇子，這位皇子之後繼任成為天皇。雖然光源氏本為皇族，但後來被取消皇族資格，淪為平民。平民的孩子登上皇位——這是多麼嚴重的事情啊！然而，當時知書達禮的女性卻沒有對這樣的情節多做批評，反而覺得非常浪漫。這不禁讓我有些擔心……難道當時根本不在意「萬世一系」嗎？皇族的一脈相傳其實不重要是嗎？

先撇開這點不談，《源氏物語》可謂**日本文學的巔峰**，書中描寫了人與人之間豐沛的情感交流，在古典當中無一能出其右。

另外我想要補充一點，在《源氏物語》的〈玉鬘〉一章中，有個角色名為菊池。菊池是熊本豪族，書中描述他「身材圓滾不錯帥，但舉止做派就是個鄉下人」。別覺得奇怪，**當時對帥哥的定義就是肥胖大叔**。那麼美女呢？平安時代的美人有個形容詞

叫「引目鉤鼻」，意思是細長如線的眼睛、若有似無的鼻子。當時的女生都會用一種叫做「檜扇」的扇子遮住臉，**烏黑亮麗的長髮因而成為美女的必備條件**。很多上流階級的女性出生後從沒剪過頭髮，洗頭都要僕人總動員，而且一個月才洗一次。在那個沒有除臭劑的年代，只能靠焚香來蓋住臭味。因此，各位在看《源氏物語》前一定要做好心理準備：「當時的審美觀跟現在差很多。」這麼一來，才能夠進一步享受這部作品所描繪的世界。

另一方面，**樋口一葉**才華出眾，非常擅長説故事。如今五千圓日幣上面印的就是一葉，雖然她死後被印在鈔票上，活著的時候卻是與鈔票無緣，窮到簡直要被鬼抓走。不僅如此，她還有嚴重的偏頭痛問題，最後罹患肺結核，年僅二十四歲就離開人世。看到一葉的遭遇，各位是否覺得她是個被命運捉弄的可憐蟲呢？我以前也是這麼認為的，但仔細了解才發現，她一生積極果敢、努力奮戰，而非一味地接受命運。

樋口家本為山梨的富裕農家，一葉的爺爺到江戶求學，父親也上學讀書，後來以東京士族的身分當上政府官員。一葉的父親做了很多嘗試，但最後都以失敗告終。如果他認真工作，樋口家也不至於落得家徒四壁。

父親雖然敗事有餘，卻擁有不少人脈。他動用關係，讓一葉到中島歌子的私塾上課。一葉在私塾中逐漸嶄露頭角，無奈兄長去世，父親也魂歸西天，還留下一屁股債務。一葉的媽媽原本是個信奉「女子無才便是德」的傳統女性，但家中沒了男丁，她也只能依靠女兒。於是，年紀輕輕的一葉決定一肩扛下照顧母妹的重任，成為家中戶主，打算撐起這個家。沒錯，她就是如此堅強的女孩。

一葉本有個未婚夫，樋口家沒落後，對方便悔婚拋棄了一葉。該男後來成為檢察官，還當上了縣長。他出人頭地後，曾嘗試挽回一葉，卻被一葉一口回絕：「**我不想嫁給羞辱過我的男人。**」如果一葉與該男重修舊好，樋口家就能脫離貧困，一葉也能擺脫「貧窮女孩」的生活。但一葉看重的並非金錢，寧可餓肚子也要保有自尊。在我看來，這正是她的了不起之處。

當上一家之主後，一葉看到有女生幫前輩寫文章賺錢，便考慮是否要成為職業小說家。一葉的作品公諸於世後，森鷗外、馬場孤蝶、島崎藤村等大咖作家都相當賞識她的才華，開始支持她的作品。他們經常到一葉家聚會，一葉家彷彿成了文學沙龍。之後一葉創下了「**十四個月的奇蹟**」，短期間內寫出一部部膾炙人口的名作。她罹患肺結核後，曾擔任軍醫的森鷗外請了當時的杏林聖手幫她醫治，但一切都太遲了。

一葉在不朽名作《比肩》中描寫了少女與少年的情愛。實在很難想像，對愛情一無所知的人要怎麼寫出這樣的內容。也因為這個原因，有些文學界的人認為她其實是談過戀愛的。以前一葉在私塾曾拜半井桃水為師，兩人有段時間走得很近；也有人說，一葉死後，全力校訂《一葉全集》的齋藤綠雨正是她最後的戀人。在我看來，這些都只是八卦罷了。如果她有更多時間，**肯定能寫出更多精采的作品**。但即便只有短短的二十四年，她還是為我們留下了為數眾多的不朽名作。

本鄉教授的判定！

樋口一葉		紫式部
森鷗外、島崎藤村等文豪都為她的驚異才能讚嘆不已 貧窮仍積極向前，從不看輕自己	優	其所寫的《源氏物語》被翻成各國語言，成為日本史上的偉大名作 深受宮廷沙龍的歡迎
一生為貧窮與偏頭痛所苦 最後罹患肺結核早逝	劣	在日記裡大肆批評 競爭對手清少納言 推測本人應該是不起眼的腐女

一葉
勝！
就讓樋口小姐獲勝吧
多謝妳的雞婆
咳咳

兩人都是才華洋溢的厲害角色。紫式部是個在日記裡偷寫清少納言壞話的「心機女」，但她的作品在宮廷沙龍大受好評，也算是個成功人士。相對的，一葉雖然擁有出色的寫作才華，卻懷才不遇。唉，一想到一葉的可憐遭遇，我就忍不住偏袒她。

推動女子教育不遺餘力的兩位才女

其貳

幫忙創辦同志社女子大學的「帥妹」

新島八重

女子大學 對決

津田梅子

自力創辦大學，推辦女子教育

說到**新島八重**，就一定要聊一下她的出身。她是會津藩高級武士家的千金小姐，母家山本家是槍砲射擊術方面的專家，哥哥覺馬也是個出色的人才。在這樣的家庭出生長大，八重嫁的老公——川崎尚之助也十分優秀，但後來八重家被捲入會津戰爭。

八重是個女中豪傑，

在會津戰爭中巾幗不讓鬚眉，**剪了一頭短髮，拿起槍砲與男人並肩作戰**。當時擔任狙擊手的她，在戰場上表現得相當出色。然而，這場戰爭造成了莫大的犧牲，雖然八重最後活了下來，父親與弟弟卻都戰死沙場。最可憐的是她的丈夫尚之助，被朝廷軍隊抓去當俘虜。丈夫被俘後，八重卻對他毫不關心，毅然決然與他離了婚。

戰爭結束後，八重到京都投靠哥哥覺馬，在那裡遇見了哥哥的朋友新島襄，**並與他梅開二度**。新島襄是後來的同志社大學創辦人，他信奉基督教，再加上有留美經驗，所以一向秉持「女士優先」的原則，坐馬車都是讓老婆先下車，自己則護送在後。隻身在國外那段期間，新島練出了一身烹飪的好功夫，八重又剛好對家事一竅不通，所以**家事都是交給老公做**。就這層意義而言，新島可說是日本「主夫」的先驅。

然而，這在明治時代其實有些「驚世駭俗」的。喔，順帶一提，八重都直接叫新島「阿襄」，沒有加任何敬稱。生活方面，「阿襄」是個極簡主義者，八重則追求時尚，非常喜歡添購新衣（適不適合又是另外一回事了），家裡還請了傭人……換句話說，就是個花錢如流水的太太。也因為這個原因，周遭人都覺得她是個「**沒有婦德的**

惡妻」。

新島襄和政治家德富蘇峰交情很深，德富形容八重是個「有如鵺[50]般的女人」。他為什麼這麼說呢？大概是看八重一天到晚穿不適合自己的衣服，覺得她很莫名其妙吧。

但無論別人怎麼說，新島襄依然深愛著八重。新島曾在信裡誇獎八重「**很帥**」，這也是八重「帥妹」稱號的由來。新島創立同志社女子大學時，八重也全面予以協助，夫妻倆過著幸福的生活。然而好景不常，新島溘然而逝。

新島死後，八重離開同志社，加入紅十字會擔任護士，也就是現在的護理師，並於日清戰爭期間到廣島的醫院照顧傷患。她努力提升護理師在社會上的地位，其功績深獲日本政府肯定，八重**也成為日本第一個獲得勳章榮耀的非皇族女性**。

栽培年輕人、幫助傷者——雖然八重私下的風評不是太好，但那又如何？人家老公都沒說什麼了。八重含著金湯匙出生，缺乏開源節流的觀念也是無可厚非。他們夫妻感情好得很，我想如果有下輩子，「阿襄」還是會娶八重為妻的。

維新功臣中有人主張女性該受教育嗎？有的，黑田清隆就是其中之一，他推出了女學生赴美留學計畫，但當時民眾普遍擔心「客死異鄉」，所以該計畫一直徵不到人。到後來應徵的都是朝敵——朝廷的敵對勢力，也就是舊幕府勢力又或是與薩長軍為敵的人。這些人為了復興家族榮譽，不惜把女兒送到異鄉打拚。

50. 日本傳說中的妖怪，臉如猴，身如狸，四肢如虎，尾如蛇。

津田梅子就是在這樣的背景之下被送去留學的。她的父親津田仙是舊幕府的臣子，後來投身教育，與新島襄、提倡自由平等的中村正直並稱「基督教三傑」。同一時期去留學的還有山川捨松和永井繁子，捨松和梅子同為會津藩出身，繁子則和梅子同為舊幕府臣子的女兒，這三個女孩就這麼成為一輩子的閨蜜。出國留學時梅子才六歲，同團的另外四個女生也不過大她一點，五個女孩子與岩倉使節團同船赴美，而那個「大名鼎鼎」的伊藤博文也在船上，經常到女孩的房間陪她們玩。

梅子在留學期間過得非常快樂，每到假日，寄宿家庭的爸爸媽媽就會帶她到處觀光。十八歲準備回日本時，梅子遇到了相當大的瓶頸。先不說別的，**她幾乎不會說日語**，而且個性已完全美國化，跟**傳統守舊的日本風氣格格不入**。回到日本後，身邊的人不停催她結婚，催到她一顆頭兩個大，甚至無奈地在信中寫下：「**請不要跟我提結婚的事了，煩死了。**」

因為日本在女性出社會這方面相當落後，導致梅子回到日本後相當懊惱，不知該找什麼工作。最後她到實踐女子大學的創辦人——下田歌子的門下教英語。這份工作是誰幫她介紹的呢？就是同船赴美的伊藤博文。令人驚訝的是，愛好女色的伊藤博文居然沒有對梅子出手，看來伊藤是把梅子當妹妹真心對待。

站上教壇後，梅子重新意識到女子教育的必要性，決定二度赴美進修。她到美國攻讀生物學，論文寫得相當出色。教授問她：「妳要不要乾脆別回日本，留在美國當學者？」卻被梅子拒絕了。說老實話，美國生活對梅子而言是如魚得水，但她卻選擇了較為艱難的一條路，執意回到日本。

回到日本後，梅子便以創辦女子學校為目標。在留美時期的兩個好閨蜜——捨松、繁子（兩人都嫁給了軍方高層）的鼎力相助下，梅子在麴町創立了今日津田塾的學校前身。該校的一大特色在於，沒有任何跟家政有關的科目，一心追求正統學問。因校風嚴格，很多學生受不了而中途放棄，但梅子並未因此而妥協，堅持施以晨兢夕厲的教育。

梅子**不求回報地站上教壇，致力推廣女子教育**，最後搞壞了身體，療養不治。但即便她人不在了，津田塾的嚴格教育傳統至今仍未消失。

津田梅子		新島八重
幼時赴美留學 其研究在美國大受好評 靠自己的力量創辦大學		優秀的狙擊手，戰場上表現出色 在教育、醫療方面積極幫助世人 第一個獲頒勳章榮譽的民間女性
被催婚到很煩 津田塾的學風非常嚴苛		對被俘的丈夫棄之不顧 不喜歡做家事，喜歡買衣服

氣氣氣氣氣

學習意志力超重要，OK？

五千円
A000000009

日本銀行
5000
日本銀行
A0090000 5000

新島八重 VS 津田梅子

兩人都致力辦學，但就私下討不討喜的角度來看，梅子還是略勝一籌。那個時代到國外留學應該吃了很多苦吧……在此，我想藉著這個機會向梅子表示謝意。

津田梅子
勝！

明治才女與日本第一位總理的風花雪月

其叁

感情生活滿點的世界知名女演員

川上貞奴

「伊女郎」對決

戸田極子

當年的鹿鳴館之花，美女的代名詞

日本第一代內閣總理大臣——**伊藤博文是個不折不扣的大色鬼**。他的外號叫「掃把」，意思是「掃遍天下女子」。說老實話，他的女人緣很差，但就好色的掌權者這點來看，他實在跟豐臣秀吉有得拚。

不過，跟另一位明治大老——山縣有朋比起來，伊藤還是有單純的一面。山縣說好聽是有大哥風範，說難聽一點是沉溺於派系鬥爭，屬於大魔王型人物。**伊藤則對這種「地下鬥爭」不感興趣**，他在金錢方面出手相當大方，也樂於照拂他人。

伊藤的老婆梅子是傳統「十項全能」的女性，她甚至會幫伊藤照顧外面的女人。據說她還要求伊藤「不可對良家婦女出手，只能跟歡場藝伎逢場作戲」，當時的人都誇獎梅子是個賢妻，現在看來實在無法令人苟同。

川上貞奴和**戶田極子**都是和伊藤淵源深厚的女人。

貞奴本是日本橋的藝伎。在日本橋，名字中有「奴」的女人代表地位特別崇高。貞奴的未來備受看好，簡單來說，就是日本橋藝伎中的「下一代中心人物」。除了伊藤，當時還有幾個有頭有臉的人物也是貞奴的粉絲，噢不，是恩客。

年紀尚輕的貞奴，**遇見了名叫桃介的青年**。有人說貞奴與桃介之間是有如初戀般的淡淡情愫，也有人說他們以迅雷不及掩耳的速度發生了關係。但無論如何，後來桃介與福澤諭吉的女兒結婚，這段戀情也隨之無疾而終。

之後，貞奴嫁給了川上音二郎。音二郎是個滿腔熱血的男人，他總抱著一股莫名其妙的熱情，不但寫了一首風靡明治時期的流行歌叫〈無厘頭小調〉，還會唱單人相聲，也當過說書人，但每次都是三分鐘熱度。他參選花光了所有積蓄，還從築地開帆船出航往國外前進……怎麼看都是個不知道在嗨什麼的沒用男，實在不懂貞奴究竟看上他哪一點。而且貞奴還陪他一同出航，這根本跟自殺沒兩樣！還好最後帆船漂到了淡路島，夫妻倆都撿回了一命。

後來音二郎在美國搞起壯士劇[51]，有次他讓貞奴上台代演，引發了非常大的迴響。接著他們進軍巴黎，圈粉了一票大牌藝術家，包括作曲家德布西、畫家畢卡索、作家紀德……等。當時貞奴有多紅呢？紅到雕刻家羅丹都曾要求貞奴當他的模特兒，但當時貞奴壓根兒不知道他是誰，所以回絕了。用現代來比喻的話，就像是史蒂芬·史匹柏想把貞奴的故事拍成電影，但她有眼不識泰山地拒絕了。

貞奴凱旋歸國後，成了紅遍半邊天的大明星，她也是日本首位「女演員」。然而，音二郎卻在此時驟然離世。貞奴原本打算守住音二郎的心血，守住丈夫所創辦的壯士劇。但命運總是捉弄人，丈夫死後，貞奴與福澤桃介再次相遇。兩人已不再是當年的青澀男女，很快就重燃愛火，出現戲劇般的發展。

桃介入贅福澤家後，身價也跟著水漲船高，成為億萬富翁，噢不，應該不止億萬。

總之，桃介用這些錢創立水力發電公司，成為世人口中的「電力王」。他在木曾川建蓋的大井水庫至今仍不遜色。據說水庫建蓋期間，**貞奴常騎著紅色摩托車到施工現場，在危險的山谷下方慰勞工人。**

貞奴是為另一半「全心全意付出」的類型。雖說她身邊都是有頭有臉的大人

51. 明治中期壯士或年輕知識份子為推動自由民權思想所舉辦的戲劇表演。「壯士」為明治中期自由民權運動推動者的總稱。

物，但她並非只是利用男人飛上枝頭，而是傾盡全力支持對方、幫助對方，而且她付出的男人最後都大有成就，也就是**俗稱的「旺夫女」**。不過，桃介並未正式與太太離婚，所以未能娶貞奴進門。

如今名古屋還留有貞奴與桃介同住的二葉御殿。雖然兩人一直到最後都沒有結婚，卻是實質上的夫妻，晚年過著幸福快樂的生活。

另一位「伊女郎」是岩倉具視的三女兒——極子，也就是**當時最高掌權者家中的千金大小姐**。極子後來嫁給了岐阜大垣地區的戶田家主公，隨夫姓成了戶田極子。戶田家為三河譜代大名[52]，領地十萬石。大垣是江戶時代舉足輕重的據點，幾乎沒有譜代大名的領地可高達十萬石。換句話說，戶田家在當時實力非凡，具有非常重要的地位。

極子的**音樂造詣深厚**，**富有外交家精神**。在鹿鳴館時期，她經常穿著禮服現身晚宴，成為當時「跑趴界」的偶像，躋身「**鹿鳴館之花**」的行列。

像極子這種含著金湯匙出生的千金大小姐，對伊藤博文而言有如高不可攀的花朵，再加上極子生得非常漂亮，更是讓他「凍未條」。雖然伊藤的太太叮囑他「不可以對良家婦女出手」，但伊藤還是忍不住對極子展開攻勢。至於追求結果眾說紛紜，有傳聞說他沒有得逞，更多傳聞說他如願抱到了美人——有人說他們在鹿鳴館的暗處偷歡，也有人說他們是「**日本的車震始祖**」，在馬車裡做愛做的事。

　先不論真相如何，這件事都鬧上了新聞，被寫成腥羶色的報

52. 關原之戰前就追隨德川家的大名。

導，在社會上引發了軒然大波。對此，極子的老公沒有說什麼，大概是因為對方是伊藤博文這種大官，戴了綠帽也只能忍氣吞聲。之後不知道是否出於補償心理，伊藤提拔極子的老公為駐維也納總領事。

當時總領事是擁有至尊權力的外交首領，席數屈指可數，維也納總領事的地位更是高尚。極子也跟著老公去了維也納，成為當地的總領事夫人。但如今看起來，她應該是因為**桃色風暴纏身，才躲到維也納避風頭的吧**。

極子的音樂造詣本就深厚，到了音樂之都維也納後更是如魚得水，落地生根。戶田家後來出了鋼琴家戶田悅子，悅子後來嫁給瑞典人，大兒子、二兒子現在都是維也納愛樂樂團的團員，真的是太強了！後來小兒子也成為鋼琴家，與兩個哥哥組成了「赫登柏三兄弟」，到戶田家城堡所在地——大垣辦演奏會。只能說，歷史的緣分真的很奇妙，多虧了極子與伊藤博文當初那場桃色風波，才造就出日本與維也納愛樂樂團之間的深厚淵源。

本鄉教授的判定！

戶田極子		川上貞奴
美若天仙的絕代佳人 後代在維也納闖出一片天	優	才色兼優，紅遍歐美的女演員 晚年與少時思慕之人 過著幸福恩愛的生活
深陷「車震疑雲」桃色風暴	劣	家族沒落後到煙花之地陪酒賺錢 第一任丈夫差點破產 至死無法與深愛的桃介正式結婚

伊藤不過是貞奴和極子人生中的墊腳石，且兩人最後都過著幸福快樂的生活，所以判為平手。

平手！

偶像不是現在才有——那些歷史上的大明星

其肆

知名製作人兼正宗藝人
出雲阿國
華麗舞台　對決
松井須磨子
國民歌手始祖竟是整形美女？

大家都知道**出雲阿國**是歌舞伎的創始人，卻鮮少人知道她是什麼樣的人物。

阿國是跳稚子舞出身的，並以其為基礎創作了歌舞伎舞。在某種層面上，稚子舞、歌舞伎舞都屬於性別錯亂的表演，由阿國扮演男人，男搭檔扮演女人。源義經的情人——靜御前就是女扮男裝跳舞表演的「白拍子」，形象類似現在寶塚劇團的男角。有些領域的傳統認為**「女扮男裝特別迷人」**，阿國拿著刀的畫像也一直流傳至今。

當時有個男人名叫「名古屋山三郎」，他原本是武將蒲生氏鄉的家臣，後來轉到森蘭丸的弟弟——森忠政門下侍奉。山三郎是那個時代的當紅人物，是人盡皆知的美少年。如果那時候有《an・an》雜誌，山三郎應該有機會裸上身登上封面。不過，山三郎還有「槍男山三郎」的名號，意思是他是個用槍高手。這代表他不是高䠷型的帥哥，而是個肌肉壯漢。當時對帥哥的定義就是彪形大漢，噢不，應該是彪形小漢。

阿國的表演中有個名叫山三郎的鬼魂角色，這推測是受到能劇的影響。阿國換上男裝登上舞台，扮成「山三郎」。也因為這個原因，坊間傳說名古屋山三郎就是阿國的夫君，但是真是假就不得而知了。

江戶幕府剛成立時，阿國主要是在京都活動。出雲巫女有一脈相承的習俗，當時有個職業叫「遊走巫女」（請參照「虎御前」的篇幅），她們在日本各地流浪，到各處講述神明的故事，唱歌跳舞，偶爾陪睡賺取外快。**聽到巫女陪睡，你是不是也感到相當驚訝呢？**這其實是現代人的觀念，**日本一直要到江戶時代以後，才開始**

歧視性工作者。

日本境內原本沒有梅毒這種性病，一直到戰國時代，歐洲人才將梅毒帶入日本。在那之後，性工作者一不小心就會萬劫不復，一旦得到梅毒，外表也會急速衰老。遊女在江戶時代有如時尚教主，身分有如現在的超人氣網美，但還是活在歧視之中，有名卻不能太高調。

在梅毒傳入日本之前，性交易並不會傳染致死疾病，**當時社會並未將性視作禁忌，反而抱持坦蕩蕩的開明態度**，遊女、娼妓都是廣為大眾所知、可以講明的職業。

阿國就是其中之一。當初原本由男裝美女所跳的歌舞伎舞，轉變為專由成年男子演出的野郎歌舞伎，最後發展成現在的歌舞伎。歷史沒留下什麼跟阿國有關的記載，嚴格來說，她只活在世人的天馬行空之中。

接下來我們來看看**松井須磨子**。須磨子是大正時代的女演員，雖然她是演員，但她最有名的應該是唱了〈卡秋莎之歌〉。之後日本陸續出現了美空雲雀、山口百惠、松田聖子、安室奈美惠等「國民女歌手」，但真要追溯起來，松井須磨子才是國民女歌手的始祖。

須磨子生在一個平凡家庭，平凡地踏上戲劇之路。有次她去試鏡，竟被以「**鼻子太塌**」為由刷掉，逼得須磨子去整形把鼻子墊高。然而，由於當時的整型技術相當粗糙，每當劇痛不已，又或是「走山」時，須磨子就會**死命地壓住鼻子**。現

在也常聽人說整型是個無底洞，定期就要「進廠維修」，更何況是在那個年代呢？想必須磨子應該吃了很多苦頭吧。

把鼻子墊高後，她進到坪內逍遙、島村抱月兩人統領的文化協會，開始上台演戲，並與島村抱月陷入婚外情。每個時代的大人物都非常搶手，畢竟有活力才能出人頭地。之後逍遙與抱月分家，抱月創立了自己的劇團——藝術座，須磨子也轉到他的旗下。站上藝術座的舞台後，須磨子以托爾斯泰《復活》的卡秋莎一角走紅，還將劇中歌曲〈卡秋莎之歌〉錄成唱片，成了風靡後世的暢銷歌曲，噢不，是**超暢銷金曲**。

〈卡秋莎之歌〉在日本傳開後，須磨子一躍成為當紅女明星。就這層意義而言，她可是**國民歌手始祖**。可惜的是，她的老師兼情人抱月罹患西班牙流感病逝後，須磨子也自殺隨之而去。當時她才三十幾歲。

為什麼須磨子會紅遍全日本呢？這就要從「女義太夫」說起了。江戶時代開始有女性彈三味線演唱義太夫節[53]維生，夏目漱石的小說裡也出現過女義太夫。她們類似現代的偶像，很多書生都會去觀賞捧場。

日本自古就有「**女性唱歌維生**」的傳統，這些歌曲積年累月，獲得了國民的認

可，一步步發展成現代的歌曲歌謠。

53. 淨琉璃（日本傳統人偶劇）的一個流派。

本鄉教授的判定！

松井須磨子		出雲阿國
《卡秋莎之歌》成為當時 國民當紅歌曲 出色的舞台女演員	優	歌舞伎的創始人 才華洋溢的表演者、製作人
為整型手術的後遺症所苦 與島村抱月陷入桃色醜聞 最後自我了斷	劣	無人知曉她的真實身分。 與名古屋山三郎之間的關係 真假也不得而知

松井須磨子最後走上絕路，對此我深感同情，很想判她獲勝幫她打氣。但看到歌舞伎現在如此昌盛，還是覺得這場勝利非阿國莫屬。

阿國 勝！

因愛執著

第四場

為情奔走，為愛而生

渾然忘我

我的他是皇子大大，霸道皇子都愛我

其壹

吟詠與兩位皇子的三角愛情

額田王

劈腿歌人　對決

和泉式部

搾乾親王的才女歌人

這場對決的第一位選手是**額田王**。額田王與大海人皇子之間的和歌非常有名，這個大海人皇子就是日後的天武天皇，兩人還生下了十市皇女。然而，之後額田王卻愛上了天智天皇，也就是大海人皇子的哥哥——中大兄皇子。《萬葉集》中有幾首知名和歌，就跟這段令人心跳加速的三角關係有關。

行於紫野中，標野來又去，野守豈不見，舉袖向吾搖。

額田王寫這首歌告訴大海人皇子：「如今我是天智天皇的眾多老婆之一，但心裡依然想著你。」大海人也回了一首和歌給她——

妹美如紫草，豈能惹人厭，縱已為人婦，猶令吾生戀。

意思是：「即便妳已嫁為人婦，我還是深愛著妳。」重點是，他們是在天智天皇的眼前交換和歌的。就現代人的感覺來看……這兩人似乎高調得有點詭異，但日本古代大人物在戀愛方面本就超級坦蕩，恐怕也沒在避諱吧。

看到這裡，你是不是也覺得額田王是人見人愛的絕世美女呢？關於這點……我們**無法確定她到底長得如何**。從名字的「王」字來看，她應該是皇族出身，但其實，根本沒人知道她到底是何方神聖。有人說她在滋賀縣出生，也有人說是奈良縣，眾說紛紜。也就是說，額田王在歷史學上是個不詳之人。

就歷史事實來看，天智天皇並未和額田王生下子嗣，皇位是傳給他跟另外一個女人生下的大友皇子。大友皇子娶了額田王的女兒，也就是他的妹妹十市皇女。之後壬申之亂爆發，大友皇子與大海人皇子開戰。一說認為，額田王的父親在這場鬥爭中戰死，最後由大海人皇子打贏了戰爭，以天武天皇的身分帶領日本發展前進。

如果大海人皇子真的對額田王念念不忘，那麼他取得皇位後，應該會與額田王再續前緣。但歷史上卻沒有這一段，這到底是怎麼回事呢？難道是因為色衰愛弛？唉，我實在不願意這麼想。

事實上，一直到江戶時代才出現「額田王是絕世美女」的傳說，有些傳言內容實在太過虛幻。就這層意義而言，**額田王只活在人們口耳相傳的古代故事中**。

即便到現在，大家還是對這段故事相當買帳，若戳破世人的幻想，告訴他們額田王身世不詳，可能會引來一陣白眼。沒錯，這段故事在日本人的心中就是如此根深柢固。

和泉式部也是深受兩名皇子的寵愛。順帶一提，我非常喜歡她寫的和歌喔。

原已行暗處，卻入更暗路，願山邊沉月，為吾明遠路。

這首和歌的敘情方式，令人拜服。

和泉式部為國司之女，國司是類似現在縣長的職位。她的第一任丈夫——橘道貞也是名國司，兩人門當戶對。他們的女兒——小式部內侍也是個才華洋溢的歌人。

橘道貞有段日子被調為和泉守（類似現在的大阪府長），和泉式部也隨之赴任。因前夫是「和泉」守，再加上爸爸曾在「式部」省[54]

54. 日本律令制下的單位，類似現在的教育部。

擔任官職，她才自稱為「和泉式部」。

當時國司的任期為四年，然而，當道貞任期結束準備回京都時，兩人卻因為感情生變而分居。

就在這時，冷泉天皇的三皇子——為尊親王介入了兩人之間，把和泉式部追到手。縣長的女兒與皇族有染……這在當時可是「**越級戀愛**」的**一大醜聞**，據說和泉式部的父親還為此與她斷絕父女關係。平安時代的男女觀念相當開放，對什麼事都見怪不怪，兩人卻因為門不當戶不對而飽受批評。我認為這一點非常有趣。

不過，為尊親王很早就去世了。為尊親王歸西後，和泉式部與為尊親王的親哥哥——敦道親王陷入熱戀，還與他生下一名男孩。這名男孩後來出家，沒有留下任何後代。

能接連被兩個親王看上，想必**和泉式部應該是個戀愛高手**，這讓她有個不太好聽的稱呼——「**淫女**」。藤原道長也曾評論她是個輕浮的女人，用現在的話來說就是「Bitch」。但說歸說，藤原道長還是雇用了和泉式部，擔任自己的寶貝女兒——彰子皇后的侍奉女官，與紫式部成了同事。想必和泉式部和紫式部之間，應該擦出了不少「火花」吧。

紫式部喜歡沉浸在幻想世界，和泉式部則是現實中的戀愛高手，不知道和泉式部是怎麼看待紫式部的呢？對她而言，紫式部應該只是「紙上談情」的專家吧。

和泉式部後來嫁給了藤原道長的心腹——藤原保昌。保昌是個武藝高強的貴族，但兩人並未生下孩子，所以和泉式部的後代只有第一段婚姻的小式部內侍，以及後來出家的親王之子。和泉式部很疼愛女

兒，對她相當照顧，無奈小式部內侍先一步離世，白髮人送黑髮人的和泉式部，留下了好幾首讀來令人痛徹心扉的和歌。只能說，和泉式部真的是個感情豐富的才女。

本鄉教授的判定！

和泉式部		額田王
日本文學史上數一數二的才女 女兒也是才華出眾的歌人 情史豐富的戀愛高手	優	同時享有天智&天武天皇兄弟的愛 愛情故事昇華為王朝傳說
情史太過豐富，就連在感情觀念 相當開放的貴族社會也飽受批評	劣	真實身分曖昧不明 天武天皇真的對她念念不忘嗎？

兩人都是為愛而生的才女藝術家，但考慮到額田王的真實身分至今不明，這場對決由和泉式部獲勝。

和泉式部
勝！

八卦狗仔最愛這味——桃色政爭風暴

其貳

想把皇位讓給和尚的女天皇

孝謙天皇

醜聞對決

藤原高子

為愛奔走被鬼吞食的可憐少女

日本歷史上有好幾位女天皇。奈良時代[55]基本上都是皇子繼位，又或是弟繼兄位，但如果繼承人年紀還小，就會由女性暫代天皇之位。平安時代由藤原氏掌政後，天皇喪失實權，就再也沒有女天皇了。

孝謙天皇就是一位女天皇，她的爸爸是幫奈良東大寺大佛開眼的聖武天皇。**孝謙天皇以女兒身被立為皇太子，也是唯一一位從一開始就依循正規道統即位的女天皇**。而她也沒有辜負父親的期待，表現得相當出色。孝謙天皇的母親出自藤原家族，當時藤原氏的大家長為仲麻呂，他於公於私都一直陪在孝謙身邊，是個極為優秀的人才。

孝謙退位為上皇後，一位名叫道鏡的男人介入了她的後半段人生。說起道鏡這個人，雖然不至於「來路不明」，但能確定的是，他並非什麼權貴之士。道鏡是個和尚，因幫孝謙治病而結緣。說白一點，就是用超自然力量幫人祈禱治病的僧人，而且已經年過四十。孝謙天皇煞到道鏡後，仲麻呂因失寵而舉兵造反，之後遭處死。

孝謙與道鏡是**老來戀**。事實上，歷史上常有這種掌權者對祝禱人士敞開心房的例子。俄國怪僧拉斯普丁在宮中掌權的過程，就是一個經典的例子。據說拉斯普丁的下面非常巨大，道鏡也有類似的傳言。孝謙天皇是個不諳世事的千金大小姐，不小心沉浸其中也是無可厚非，她甚至還考慮要**把天皇之位讓給道鏡**。

55.日本時代劃分，西元七一〇年至七九四年，以元明天皇將都城遷至平城京（奈良）為始。

在心生讓位之念後，宇佐八幡宮突然出現「天皇應讓位給道鏡」的神諭。宇佐八幡是非常奇妙的神社，孝謙的爸爸聖武天皇說要建大佛時，宇佐八幡也說：「這個想法很好，我會助你一臂之力。」而當孝謙天皇二度繼位、改稱稱德天皇後，又順著稱德的想法做出神諭。只能說，宇佐八幡……又或是神社內部人員，很懂得體察天皇心意。

然而，朝廷卻對此神諭心存懷疑：「怎麼能將皇位隨便傳給皇族以外的人呢？」便派出一名叫作和氣清麻呂的人，去確認宇佐八幡的真意。據說道鏡得知消息後，在清麻呂出差期間送上一堆禮物。但清麻呂並未因此而偏袒道鏡，如實向朝廷報告：「宇佐八幡說天皇是至尊之位，絕對不可以傳給一般人。」也就是說，之前的神諭是假的，這次才是真的！稱德天皇知道後，氣噗噗地把清麻呂改名為別部穢麻呂。但無論如何，道鏡的讓位計畫並未得逞，稱德天皇駕崩後，道鏡也因沒人撐腰而失勢。

我們該怎麼從古代政治史的角度來解釋這個故事呢？我在這方面沒有太多考證，但我不懂的是，**為什麼女性必須用「處女性」來交換權力，這實在令人匪夷所思**。男人掌權有五個側室是很正常的事，女人掌權只要有一個情夫就被視作醜聞。孝謙天皇也是女人，愛上道鏡也沒什麼好奇怪的。她一直到死前都陪在深愛的男人身邊，這何道鏡北鼻，你要當天皇嗎？

妳是說真的嗎？我是很想啦。

嘗不是一種幸福呢？

接下來我們來看看**藤原高子**。她是藤原北家[56]的千金，如果從歷史事實的角度來看《伊勢物語》[57]，開頭的「以前有個男人」的「男人」，原型應該就是在原業平。在《伊勢物語》中，高子年紀輕輕就與男人私奔，從京都逃到大阪，然後在路上被鬼吞下肚。這段故事應該是在影射

56. 日本貴族藤原氏的分支，藤原四家中最隆盛的一支。

57. 平安時代初期的和歌物語，開頭句為「以前有個男人」，內容描述了這個男人的一生。

孝謙天皇 VS 藤原高子

高子與業平私奔後，藤原家派人追捕兩人，把高子從大阪抓回京都。業平失去心愛之人後，便帶著一顆傷痕累累的心往關東去了。

這段故事的真實性有多高？這一點至今不明。而歷史上所記錄的藤原高子，則嫁給了清和天皇當妃子。

藤原北家為鞏固自己的權力，一直盤算著將北家女子嫁給天皇。當時因北家沒有與清和天皇年齡相仿的女子，只好將比天皇大了將近十歲的高子嫁入皇室。事實上，清和天皇的名聲不太好，他的後代為大名鼎鼎的貴族清和源氏，但本人卻不是什麼明君。

清和天皇比高子小十歲，個性又很不可靠，有這種老公，不知道高子的婚姻生活幸福嗎？高子為清和生下的陽成天皇也是個非常糟糕的人，說他是暴君也不為過。就遺傳的角度來看，清和天皇應該不太正常。

不過，我也很佩服高子。她年輕時與知名帥哥業平陷入熱戀，**寧可捨棄一切與愛人私奔，嫁入皇家後卻出現戲劇性的大轉變，為爭權奪利不擇手段**。她成為藤原家的支柱，跟兄長藤原基經合作建立自己的勢力。只能說，女人真的有很多外人不知道的面貌。她也並非「為母則強」，**她創造了一個暴君，像魔鬼一般張牙舞爪地追求權力**。就我們這些弱小的男人看來，她就是個令人毛骨悚然的女人。

這樣的她幸福嗎？恐怕很難說。就我們這些平民百姓看來，「就算你有再高的社會地位，手上握有再大的權力，沒有真愛仍稱不上幸

福」，但或許對高子而言，**權力就是她的真愛，甘之如飴**。

高子也被不少桃色醜聞纏身。有了權力後，想做什麼就做什麼，就算跟外面的男人鬧出什麼問題，只要設法封口即可。

以前有個女人，「高子年輕時與帥哥陷入熱戀私奔，然而那個天真爛漫的高子，卻變得判若兩人，於歷史舞台上粉墨登場」——這真是一個可怕的故事。

本鄉教授的判定！

藤原高子		孝謙天皇
與超人氣帥哥在原業平陷入熱戀 全心全意為藤原北家追求權力	優	與藤原仲麻呂合作開創太平之世 晚年才嘗到愛的滋味， 沉浸於戀情之中
在《伊勢物語》中被鬼吃掉， 私奔失敗 養出暴君兒	劣	差點把天皇之位讓給僧侶道鏡 常幫討厭的人亂改名

明明就比較好權力

愛情比權力重要

孝謙天皇
勝！

這場對決實在令人難以抉擇。該選擇愛情還是權力呢？倘若孝謙真為「巨根」所慰藉，那也沒什麼好大驚小怪的！能從愛情中獲得精神上的寬慰，那不是很好嗎？

孝謙天皇 vs 藤原高子

老了也要愛！

其叁

因觀賞歌舞伎所引發的大事件

江島

枯木逢春

對決

藤原藥子

與兄長一同操縱天皇的魅惑型美魔女

德川家的第六代將軍德川家宣，有一名側室月光院，她是第七代將軍德川家繼的生母，**江島**則是在大奧伺候月光院的侍女。月光院是當時大奧的最高掌權人，江島身為她的「左右手」，自然也是實力超凡。然而，如日中天的江島，卻因為「**江島生島事件**」這場醜聞而頓時失勢。

江島在大奧的職銜為「年寄」，年寄在現代日語中為年老的意思，但這裡並非年老之意。在幕府的「前朝」，也就是男性社會中，最有權力的人也稱為「老中」。由此可見，**當時是以「老」的相關詞彙來表示位高權重**。江島能坐到「年寄」的位子，可見相當「大尾」。看到這裡，一定很多人以為她是哪家貴族的公主，但其實她的出身並不高貴，還得懇請旗本白井家收她為養女來洗家世。因此，江島沒有家族撐腰，而是靠實力爬至高位，是個相當能幹的女性。

那麼，位高權重的江島究竟是為何失勢呢？大奧的女性基本上是不能出江戶城的，參加法事是她們唯一的合法外出機會。有次江島代替月光院出城參加前任將軍的法事，法事結束後卻沒有直接回城，跑去看歌舞伎演員——生島新五郎的表演。表演結束後，還約新五郎一起去吃飯喝酒，遲遲才回到江戶城，嚴重違反了門禁。這件事驚動了江戶城前朝的男人們，進而演變成一場大風波。當時有人說要殺了江島以儆效尤，在月光院的苦苦哀求下，才改為趕出大奧，流放到櫻花名地高遠，也就是現在的長野縣伊那市的高遠町。江島遭流放那年是三十三歲。最可憐的是收她為養女的白井家，因為這場風波，繼承家業的養兄遭到斬首問責。

然而，**江島本人對那晚的事隻字不提**，沒有人知道那晚她與新五郎發生了什麼事。

違反門禁有嚴重到要流放殺頭嗎？一說認為這跟**大奧的派系鬥爭**有關。月光院出身不高貴卻生下了將軍的子嗣；正室天英院出身貴族卻膝下無子。**雙方分庭抗禮，爭權鬥勢，天英院故意把事情鬧大，來陷害月光院軍團的副首領江島**。

另一個說法則認為是**幕府前朝刻意為之**。當時的老中對大奧亂象相當感冒，故意拿江島違反門禁之事殺雞儆猴，藉此整頓大奧的風氣。

內幕真相究竟為何，至今已不得而知。唯一能確定的是，三十幾歲的女性居然會因為與男人發生關係被定罪，可見大奧的環境有多麼扭曲，難怪會發生那麼多不正常的事。

江島流放高遠後失去自由，受到非人道的對待，但她堅持過著嚴以律己的模範生活，一直到老年才遭到赦免。據說，高遠當局還拜託江島教授婦女行為舉止的禮節。

藤原藥子的父親是中納言藤原種繼，在當時的上流貴族中算是家世數一數二的千金大小姐。她與相親結婚的老公育有三男兩女，其中一個女兒幼時就嫁給安殿親王為妃，藥子跟著進宮照料女兒，竟引得**安殿親王為她深深著迷**。

安殿親王的父親——桓武天皇知道這件事後勃然大怒，強迫他們兩人分開。之後桓武天皇駕崩，安殿親王繼任第五十一代平城天皇，不知道是看中藥子家教良好，還是真的

對藥子念念不忘，他任命藥子擔任典侍，負責管教伺候自己的侍女。將藥子安排到身邊後，平城天皇終於可以肆無忌憚地寵愛藥子。

丈母娘與天皇女婿歡愛……這在當時貴族界，應該是非常驚世駭俗的事。

藥子的生辰年月不詳，只知道她受寵於平城天皇時已年近四十。四十歲在現在還是「小姐」，但在當時已經是老婆婆等級了。能比女兒更受寵，想必藥子應該是個超級**美魔女**吧！還是說……平城天皇是個**怪咖**？

後來藥子跟兄長藤原仲成聯手，在背後操縱平城天皇。日本的朝廷有很長一段時間都設在奈良，直到桓武天皇建了平安京，才將朝廷搬遷至京都。平城一直覺得奈良比較好，所以在將皇位讓給弟弟嵯峨天皇後，以平城上皇的身分回到了舊都奈良。回到奈良後，平城卻突然反悔，想跟弟弟拿回皇位，因而跟位於京都的嵯峨天皇發生小規模政爭。

藥子對這場政爭參與多深？關於這點眾說紛紜，真相為何並不清楚。嵯峨天皇個性愛出風頭，相較之下，平城上皇個性穩重，感覺不是留戀權力之人。像他這種個性的人，怎麼會想跟弟弟爭權呢？為此，很多人都懷疑是藥子在背後主導，一直到前陣

子為止，大家都將這場政爭稱作「藥子之變」。但後來的研究發現，整件事是由平城上皇主導的，所以現在已改稱為「平城上皇之變」。

這場政爭最後由平城上皇吞敗，上皇剃頭出家，遭軟禁在平城京；藤原仲成遭到處決，藥子則服毒自殺。當時基本上不會處決女性，但這只是表面上的守則，私底下如何就不得而知了。害天皇捲入騷亂可是殺頭重罪，朝廷是不會放過藥子的……就這點來看，藥子會選擇自盡也是人之常情。

這場騷亂結束後，直到保元之亂為止，平安京都沒有發生任何戰事，長期過著和平而穩定的生活。但就另外一個角度來看，這段時間雖然發展出高度文化，卻流於安逸。

本鄉教授的判定！

藤原藥子		江島
受寵於女婿的美魔女	優	實力堅強，在大奧嶄露頭角 流放後過著嚴格的模範生活
因與親王熱戀而惹得天皇震怒 政變的幕後黑手， 失敗後服毒自殺	劣	酒酣耳熱忘了時間， 嚴重違反門禁 害養父家斷子絕孫

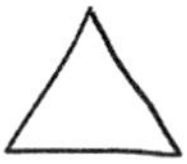

這場對決誰才是贏家呢？江島那天晚上真的有跟生島新五郎「如願以償」嗎？藥子雖然深受天皇寵愛，最後卻以自殺的方式為人生劃下句點。因此，我判定這場比賽……無效！

原來我不是你的唯一！

其肆

對失勢情人一往情深的男裝舞姬

靜御前

自我感覺良好 對決

阿龍

為了深愛的男人裸奔也在所不辭！

這裡的「自我感覺良好」，是指「以為對方只愛我一個，實際上他卻在外面拈花惹草」的意思。

靜御前在日本史上非常有名，因為她是源義經的意中人。事實上，源義經妻妾成群，他的正妻名為鄉御前，岳父是埼玉縣川越地區的當權御家人

——河越重賴[58]。義經最後帶到奧州平泉相守的人其實是鄉御前，而非靜御前。這不禁令人懷疑，**義經最看重的女人會不會是鄉御前呢？**但這個問題的答案，就只有義經本人知道了。

靜御前的職業是一名白拍子，她的媽媽磯野禪師也是一名白拍子，想必靜御前從小就接受嚴格的歌舞訓練。白拍子是頭戴烏帽子[59]、腰間佩戴太刀，穿著男裝表演歌舞的職業，形象有點類似現代寶塚的男角。白拍子深受貴族與上皇的喜愛，**對這些位高權重的男人而言**，她們不只是單純的歌舞女郎，而是**「可以見面的偶像明星」**。白拍子也會侍寢，又或是當別人的妾室，身分相當特殊。

靜御前的出身不詳，她應該是在京都遇見義經，然後成為他的女人。一說認為，兩人是由後白河法皇所牽線。沒錯，後白河法皇就是這麼疼愛義經，這讓哥哥源賴朝對義經眼紅不已。最後義經失去一切，被賴朝四處追捕。靜御前本打算跟著他到天涯

58. 鎌倉時代與幕府將軍結為主僕的武士。
59. 古時日本成人男性穿著禮服時配戴的黑色帽子。

海角，義經卻要她留在吉野山，這一分離就是一輩子，兩人再也沒有見到面。然而，義經卻讓正妻鄉御前女扮男裝跟著他一同逃命。這麼說或許有點殘酷，但義經最後捨棄了阿靜，選擇與阿鄉生死與共。

後來賴朝將靜御前抓到鎌倉，請她在鶴岡八幡宮的祭祀儀式上表演。靜御前心不甘情不願地領命，並在這場告別演出中，毫不避諱地朗誦出她對義經的深深愛意——

麻織倭文布，捲線無止境，願如麻線球，轉古昔為今。

這首歌的意思是：「織布用的麻線球不斷送出麻繩又捲回來，我能不能像麻線球一樣，化過去為現在呢？」賴朝聽完這首歌非常生氣，雖然北條政子在一旁不斷安撫他，但他的個性可不會摸摸鼻子就算了。當時靜御前懷著義經的骨肉，賴朝下令，如果是女嬰就留其一命，**是男嬰就殺無赦**。後來靜御前生下了一名男孩，賴朝便將嬰孩棄置於由比濱沙灘。

可以想像，當時靜御前肯定是痛心入骨，自此她便從歷史的舞台上消失了。義經

在衣川之地葬身火海時，陪在他身邊的是鄉御前。其實靜御前大可以忘了這個男人，尋找新戀情，展開幸福的人生。但世間男子似乎不希望她這麼做，那些跟靜御前有關的文獻記載，都說她年紀輕輕就香消玉殞。

另一位**阿龍**則是坂本龍馬的妻子。龍馬這個人啊，女人緣實在旺到不行。阿龍一直認為自己才是龍馬的唯一，但她似乎不是唯一這麼想的女人。

龍馬的初戀情人是平井加尾，她的哥哥是土佐藩的勤王志士，與龍馬的思想彼此契合。加尾對龍馬處處照顧，但兩人沒有進一步的發展，最後加尾也另嫁他人。

龍馬離開家鄉來到江戶後，進入江戶首屈一指的大型道場——千葉道場修行。該道場是千葉周作[60]的弟弟——千葉定吉的道場。定吉有個女兒叫千葉佐那，她與龍馬之間似乎也有一段情。龍馬在寫給故鄉胞姐——坂本乙女的信中稱讚佐那：「武藝高強，力大無比。」或許你會覺得龍馬這樣形容一個女孩子很過分，但他還補了一句：「長得比加尾漂亮。」龍馬與佐那是定吉師傅公認的兩相好，佐那本打算嫁給龍馬，但後來龍馬離開了江戶，再也沒有回到佐那身邊。據說佐那忘不了龍馬，一直留著當初為龍馬訂做的嫁衣，就連她位於甲府的墓碑上，都刻著「坂本龍馬之妻」。

龍馬**一生招蜂引蝶，但只娶了阿龍過門**。阿龍是醫生之女，龍馬在她飢寒交迫、差點被賣掉的時候出手相救，將她安置在船宿寺田屋的老闆娘——登勢底下工作。阿龍對龍馬這個救命恩人一往情深，在寺田屋事件中，正在洗澡的阿龍早一步注意到刺客，為了爭取時間，**她沒穿衣服就跑去通知龍馬**。多虧了阿龍的通風報信，龍馬才躲過了這次危機。但一說認為，龍馬是在該事件中開槍打死了一名捕快，後來才遭人暗殺。

一般認為暗殺龍馬的兇手是見迴組。見迴組是幕府的警察組織，成員都是比新選組地位更高的上流武士子弟。為什麼見迴組不活抓龍馬、不給他辯白的機會，直接當場把他砍死呢？據說，他們是因為不爽身分低微的龍馬在寺田屋事件中開槍打死了幕府官員。雖然是真是假不得而知，但至今仍留有這個說法。

60. 江戶北辰一刀流的開山始祖。

寺田屋事件結束後，阿龍與龍馬舉行了婚禮，並攜手到九州的霧島溫泉旅行。他們是**日本第一對度蜜月**的夫妻。順帶一提，龍馬竟把蜜月期間發生的事情一一向姐姐乙女報告，他是不是有點戀姐啊？

龍馬和阿龍兩夫妻非常恩愛，但最後，阿龍卻在海援隊事務所的所在之處——下關收到龍馬的死訊。之後她以媳婦的身分回到高知的坂本家，卻因為跟夫家處不來，很快就搬了出去，嫁給了其他男人。進入明治時代後，龍馬過去的功績重新受到肯定。阿龍以「坂本龍馬」之妻的身分過完餘生，一直到六十多歲才撒手人寰。阿龍完全不把第二任丈夫放在眼裡，該男的遭遇實在令人同情。

阿龍		靜御前
日本第一對度蜜月的夫妻 為救龍馬不惜裸奔	優	當時的頂尖舞姬 為貫徹對義經的愛， 不惜違抗賴朝
感覺有點溝通障礙， 跟周遭人及夫家都處不好 龍馬死後趾高氣昂	劣	對義經一往情深， 最後義經卻選擇了別的女人 產後失子

那為什麼要跟我再婚？

賴朝那個混蛋

我只有龍馬一個老公

該選誰呢？

阿龍與龍馬幸福恩愛，卻不把再婚對象當一回事，她的第二任老公未免也太可憐了，讓我想到自己的遭遇。至於輸贏……該怎麼選呢？哎呀都好啦！

靜御前 vs 阿龍

歷史上的正妻如何對付老公偷吃？

其伍

打翻醋罈子的鎌倉夫人

北條政子

糟糠之妻 對決

北政所

豐臣政權堅忍不拔的支柱

北條政子是源賴朝的妻子。政子平時總是力挺老公，個性卻相當偏激，有次她得知賴朝在外面金屋藏嬌，便命令手下拆了情婦的家。

政子是伊豆豪族北條氏家的女兒。當時的北條家徒有豪族身分，勢力卻不大，就連政子也必須下田幫忙耕作。

政子的生年不詳，但可以確定的是，她嫁給賴朝時年紀已經不小了。事實上，賴朝原本想娶適婚年齡的嫩妹，當時負責傳令的安達藤九郎盛長卻認為賴朝比較適合「姐弟戀」，便自作主張幫他寫情書給政子——這段故事在歷史上相當有名。

對賴朝而言，跟伊豆豪族結親等於添了一道後盾，但當時的情勢偏向平家，甚至留下一句名言叫「除了平家，其他都不配當人」。這讓政子的父親——北條時政非常反對政子與遭流放的賴朝來往，並安排政子嫁給平家的山木兼隆。然而到了**婚禮當天，政子卻冒著風雨逃到賴朝身邊**。順道一提，賴朝舉兵後，第一個就拿山木兼隆開刀，一吐當年怨氣……但其實，山木沒了老婆又丟了性命，才是真的賠了夫人又折兵。

後來賴朝於鎌倉建立政權，政子則全力支持夫君。雖然政子拆了情婦的家屋，但賴朝一直都很尊重這個太太，從中也不難看出賴朝的算計。

平清盛掌權後，跟朝廷的關係愈來愈好，這讓他在武士之間失去了地位。

賴朝見狀，深知自己不可成為朝廷的俘虜，以免步上清盛的老路。為了向鎌倉的武士展現自己「愛家愛妻，根落關東」的決心，**他非常珍惜政子，死也不肯放開這個糟糠之妻**。如果賴朝拋棄政子，改娶京都的公主入門，被扣上朝廷鷹犬的帽子，會發生什麼事呢？他的兒子——第三代將軍源實朝的下場就是很好的例子。實朝因為親近朝廷，最後被武士鄙棄殺害。就這一點而言，賴朝相當有先見之明。

不過，賴朝對政子不只有算計而已，應該還有滿滿的感謝之情。遭到流放的賴朝並不是個有魅力的結婚對象，要比喻的話，就像個沒有收入的啃老族。然而，政子還是不顧一切地選擇了賴朝，這樣的情分肯定令賴朝終生難忘。

政子於公於私都很努力經營夫妻倆的關係，但令人難過的是，賴朝離世後，政子的兩個兒子——賴家與實朝接連在政爭中遭到暗殺。

有人認為，**政子寧可捨棄自我，也要將夫婦倆共創的鎌倉幕府死守到底，是個非常偉大的女性**；也有人說，**政子竟被父親北條時政和弟弟北條義時的陰謀玩弄其中，何其愚蠢**。

要我來說，**政子絕對是個聰明絕頂的人。**賴朝死後，她受到御家人的擁戴，二兒子實朝（鎌倉幕府第三代將軍）遇害後，政子成了實際發揮將軍功能的人。

為了守護夫婦倆一同創立的鎌倉幕府，政子在政爭中失去了兒子，但她並未輸給喪子之痛，反而全心全意扮演好自己的角色。各位不覺得這樣的人很令人欽佩嗎？

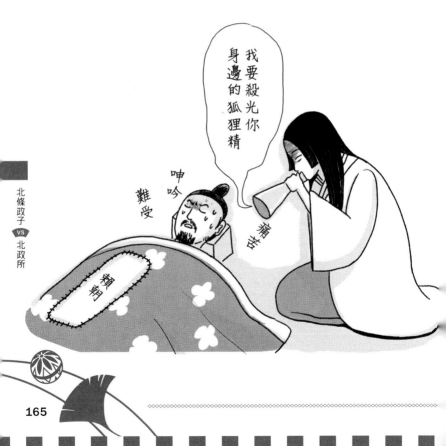

接下來我們來看看豐臣秀吉的老婆——**北政所**。北政所家裡是最低階的武士，世人時而稱呼她為「阿寧」或「寧寧」，但很多人不知道，「寧」其實是當時女性的菜市場名。

北政所也是**非常優秀的女性，她全心支持豐臣秀吉打天下**。秀吉還是長濱城主時，有好幾年都在外征戰，城主的工作都是阿寧在做。阿寧很有政治的天分，經濟也搞得風生水起，還培養出加藤清正、福島正則、石田三成等豐臣政權的重要人才，**儼然是「豐臣政權之母」**。

私生活方面，阿寧並非愛吃醋的女人，但因為秀吉玩女人太不收斂，阿寧只得跑去跟信長告狀，事後信長寫了一封信給她，那封信留存至今。

信長在信中很替阿寧抱不平：「許久未見，妳比以前漂亮十倍甚至二十倍，那隻禿鼠這輩子應該再也遇不到像妳這麼好的女人了，居然還敢在外面偷吃，實在太不像話了！」一方面也告誡阿寧：「但無論如何妳都是秀吉的正妻，應收起嫉妒之心，正大光明地輔佐夫君。」

令我驚訝的是，**信長竟如此尊重阿寧**。在那個世襲制當道的時代，大人物娶的都

是名門貴族家的千金小姐，然而信長卻對出身低微的阿寧在「能力」上予以肯定。由此可見，當時大家都很清楚「沒有阿寧就沒有現在的秀吉」。

信長死後，秀吉坐上大位。但秀吉和貴公子賴朝不同，他非常自卑，所以特別喜歡身分高貴的女性，對「公主」情有獨鍾。正如我們在前面所提到的，秀吉最「哈」的就是信長的血脈，幫他生下後嗣的淀殿就是信長的姪女，另外他還納了信長的女兒——三之丸殿為妾室。

秀吉的身邊公主成群，搞得豐臣家有如皇宮後院一般，盡是些身分高貴的女人。但北政所並未因此而擔心害怕，想必她對自己很有信心，心裡也非常清楚：**這是她與秀吉攜手打造的家**。

可惜的是，北政所終生沒有子嗣，導致妾室淀殿鳩占鵲巢，奪走豐臣家的主導權。秀吉死後，淀殿將北政所逐出大阪城，北政所只能眼睜睜看著自己與秀吉合力創建的豐臣家一步步走向滅亡。豐臣政權滅後，北政所應該非常心痛。但仔細想想，死的是老公跟別的女人生的孩子，而且還不能確定是不是老公的骨肉，心痛之餘，應該也滿爽快的吧。

本鄉教授的判定！

北政所		北條政子
與低等武士秀吉結婚，支持老公打天下。於培養人才等方面功績非凡對自己亦相當肯定	優	深愛賴朝，全力支持夫君是深受武士愛戴的「尼將軍」母家北條氏握有幕府實權
未能幫秀吉生下子嗣被鳩占鵲巢的妾室趕出家門，只能眼睜睜看著豐臣家滅亡	劣	完全無法容許丈夫偷吃，當她的另一半壓力應該很大破壞小三的家，在政治風暴中失去親生骨肉

北條政子接連喪子卻保住了鎌倉幕府，北政所則是眼睜睜看著豐臣家滅亡。兩人的結局完全相反，卻都非常努力經營自己的人生。

平手！

聰明堅強又有才的「偽單親」始祖

其陸

與謝野晶子

文壇出頭天：從愛慕丈夫、支持丈夫，到超越丈夫

兒女成群 對決

御松之方

金澤之星：加賀百萬石的賢妻

與謝野晶子的丈夫是與謝野鐵幹。我就直說了吧，這個人根本就是渣男中的渣男。

鐵幹原本在家鄉山口的一間學校教書，他十幾歲時因為跟女學生有染而引發風波，之後辭去工作搬到東京，靠寫和歌在東京一躍成為文壇之星。鐵幹為追求穩定的收入重拾教鞭，卻毫不避嫌地選了女校。當時他已經結過兩次婚，但在講授《源氏物語》時，總有一群女學生圍繞在他的身邊。鐵幹一點也不帥，卻非常受女生歡迎。重點是！他還會幫女學生取名字，像是「百合君[61]」、「櫻君」之類的，完全把自己當光源氏，只差沒說出「我是光源氏」而已。不覺得他的行為很令人尷尬嗎？

有次他到大阪演講，在那裡遇見了他的真命天女——晶子。晶子是大阪堺區一家點心老店的女兒，從小就飽讀詩書，古典造詣相當深厚。據說晶子跟鐵幹第一天見面就在一起了，可見她應該是個熱情如火之人。

之後晶子跟著鐵幹前往東京。當時鐵幹在文壇已相當有名，很多人看不慣鐵幹跟晶子外遇，對他倆指指點點。晶子面對這些批評，以高高在上的態度寫了一首和歌反駁：「**柔膚熱血無觸揉，論道之君寂寞否。**」這讓晶子獲得「柔膚晶子」的稱號。最後她與鐵幹如願結成夫妻，這場婚姻應該逼哭了不少舊人吧。

精采的還在後頭呢！結婚後，晶子隨夫姓改為與謝野晶子，為鐵幹接連生了許多

61.「君」是日本古時對他人的尊稱。

孩子，扣除掉一個孩子較早去世，她共把十個兒女養育成人。原本是美女歌人的晶子，也在不知不覺中成了**堅強母親**。

然而，晶子是個標準的剋夫命。以前的鐵幹可說是靈感如泉湧，在娶晶子入門後，力量彷彿都被晶子吸乾了似的，變得腸枯思竭，成了文壇的低空飛行員。原本以為去到巴黎會好一點，沒想到卻更糟，一直到死前都沒有特別的表現。

晶子靠著一己之力扛起整個家，她彷彿有三頭六臂一般，要賺錢養沒用的老公，要照顧嗷嗷待哺的孩子，還發表了許多膾炙人口的作品。她在日俄戰爭期間，寫了首非常有名的和歌叫〈君莫死〉，在歌中批評明治天皇叫人去打仗，自己卻不上戰場，所以你也千萬不能死。晶子在那樣的年代居然敢寫這麼有批判性的和歌，實在令人佩服。

令人匪夷所思的是，太平洋戰爭爆發後，晶子為擔任海軍將領的四兒子寫了一首和歌：「**我兒成海軍大尉，四郎英勇征戰去**。」看到這裡你是不是也滿頭問號：「這前後態度也差太多了吧？」但這種不畏人言的態度，正是晶子的強大之處。

晶子有如象徵大地孕育之力的「大地女神」，**雖然有些地方讓人摸不著頭緒，卻是個可靠而堅強的母親**。

另一位**御松之方**是前田利家的正妻，她一共為利家生了十一個孩子，但其中只有兩個男孩。

利家是阿松的表哥。阿松與母親一同寄住在利家家中，她十一歲嫁給利家，十二歲懷孕。這若放到現在，可是完全不能被接受的事。

利家是個身材高大的帥哥，不但是個傾奇者[62]，還

62. 當時男子多穿樸素顏色的衣服，傾奇者則喜愛顏色鮮豔的奇裝異服。

跟織田信長發生了男男戀。沒錯，阿松正是「信長的男人之妻」。

然而，利家卻殺了信長非常寵愛的一名奉茶侍從，因而被趕出織田家。沒有人知道他為何這麼做，或許是因為男男戀的糾紛吧。**利家成為浪人後，阿松仍留在他身邊全力予以支持照顧**。

之後利家再度回歸織田家，與木下藤吉郎成為肝膽相照的兄弟。阿松和藤吉郎的妻子——阿寧也因為住得近而變得相當要好，經常到彼此家裡借用柴米油鹽。

看到阿寧你是否也聯想到了呢？這位木下藤吉郎，正是之後取得天下的豐臣秀吉。豐臣政權不只重用利家，也非常看重阿松。秀吉薨前曾在醍醐舉辦了大型賞櫻會，女賓第一席次當然是給了正妻北政所，淀殿和最美妾室松之丸殿則為了爭搶第二席次而鬧得不可開交，而解決該紛爭的正是阿松。由此可見，阿松是個獨具慧眼的沉著女性。順帶一提，阿松在賞櫻會中為第六席次，在豐臣大名的妻妾中獨占鰲頭。

後來秀吉去世，利家也撒手人寰，阿松的孩子——利長繼承了前田家。關原之戰前夜，德川家康以「有意謀反」為由意圖攻打前田家，阿松得到消息立刻告誡兒子：「豐臣的時代已經結束了，接下來將是德川的天下，你絕對不可以違抗家康主公！」

然後自行前往江戶，成為**全國大名中的第一號人質**。阿松不惜犧牲自己也要守住前田家，她成為人質後，前田家謀反的嫌疑也隨之解除。

然而，有件事卻讓阿松非常痛苦。正如我們在前面「千代保」篇幅中提到的，阿松的大兒子利長沒有子嗣，二兒子利政因在關原之戰中加入豐臣陣營而被貶為浪人，最後只能由千代保的兒子利常繼承家業。後來利長與德川結為親家，迎娶德川秀忠的二女兒珠姬為正

妻，相當受到德川重用。

但信任只是表面上的假象而已。德川對前田這個大藩很是警戒，一直將阿松押在江戶當人質，不讓她回去金澤。在當人質的期間，阿松寫了許多信，信上盡是對兒子利長的思念之情，但一直到利長去世為止，阿松都無法見他一面。

在命運的捉弄下，**阿松拚死守護前田家，卻連兒子的最後一面都見不到**。幸好阿松在金澤還有女兒，想必她回到金澤後，女兒應該有好好照顧她，讓老母親度過安穩而幸福的晚年。

本鄉教授的判定！

御松之方		與謝野晶子
支持利家的賢良正妻 以優秀的政治才能領導前田家	優	又稱「柔膚晶子」 和歌界的革命家 辛苦撫養眾多兒女長大
妾室生下繼承人後地位一落千丈 被扣在江戶當人質， 連兒子的最後一面都沒見到	劣	丈夫鐵幹是個不折不扣的渣男， 甚至與自己的學生有染 反戰頌戰態度反覆

因為晶子最後變節，所以我決定將這場對決的勝利，頒給晚年如願回到金澤的御松之方。阿松，辛苦妳了！

阿松
勝！

終極之愛？過於沉重的純愛事件簿

其柒

當愛火變成縱火

蔬果店阿七

愛是如此沉重　對決

阿部定

想要獨占情人錯了嗎？

蔬果店阿七是非常有名的日本故事。

日本最常聽到的版本是——阿七是東京本鄉一間蔬果店的女兒，他們家被惡火燒掉後，全家人搬到一間名為吉祥寺的寺廟暫住。這間吉祥寺不是東京武藏野市的那間，也不是本鄉通有榎本武揚[63]墳墓的那間，而是其他地方的吉祥寺。總之，阿七在寄住寺廟期間，認識了那間寺廟的雜工。該雜工長得帥氣非凡，故事裡大家叫他吉三，在小說裡則叫做「生田庄之助」，真實姓名則不得而知。

阿七深深愛上了那名雜工，然而阿七家房子的重建過程相當順利，一家人很快就準備搬出寺廟。這讓阿七慌了：「怎麼辦……這樣我就見不到帥哥了……」於是她突發奇想：「**有了！只要再發生火災，就可以見到他了！**」該說阿七頭腦簡單嗎……她真的放火燒了自己家的房子。

當時江戶最怕發生火災。日本的房子都是用木材建成的，每每火災都會造成重大傷亡，一六五七年的著名「明曆大火」，喪生人數就高達十萬人。因此，當時縱火是唯一死刑的罪大惡極。

值得慶幸的是，阿七點的火很快就遭到撲滅。雖然阿七還是個不諳世事的女孩，但依然被**處以極刑**。

這個故事被當時的暢銷作家——井原西鶴寫成了小說，在江戶人之間廣為流傳。之後有學者對這個故事進行了調查，發現真有類似的縱火案。因此，可以確定阿七是

63. 政治家，日本幕末到明治時期的外交官。

真有其人，年齡大約十五、六歲，但詳細身世就不清楚了。

直到今日，還有人將阿七的故事拍成電視劇。雖說愛情是盲目的，但她小小年紀竟做出如此不得了的事，跟她比起來，現在的女孩子心理要健全多了，至少現在不會有女生為了見到帥哥縱火……應該啦。

接下來我們來聊聊**阿部定**。阿部定是真實存在的人物，她的人生猶如一場驚濤駭浪。

阿定生於東京千代田區的神田，家裡長久以來都是做榻榻米的生意，生活相當富裕。阿定媽媽年紀很大才生下這個小女兒，再加上阿定是**當地有口皆碑的美少女**，所以家裡從小就把她捧在手心上疼，對她百依百順。說來可憐，阿定滿十四歲那年遭人強暴，這段悲慘遭遇讓她成了不良少女。她開始頻繁出入淺草，整天泡在居酒屋裡，跟其他不良少年、少女廝混。

後來因為家中生意經營不善，阿定的爸爸及其他家人勸她去當藝伎。那是個對女人很苛刻的時代，家人大概是認定阿定找不到好人家，才會要她去當藝伎。他們將阿定賣給一個名叫秋葉的皮條客，她也因此與秋葉結下了糾纏不清的孽緣。秋葉是阿定

嫂嫂的姻親，**他與阿定發展成男女關係，成了吃軟飯的小白臉。**阿定當藝伎養了他整整四年，後來因為入不敷出，阿定只好跟高級妓院簽約。阿定的爸爸將女兒以兩千八百日圓（當時國家公務員的起薪為七十五日圓）的價格賣給妓院，過程竟沒有半點猶豫，真的是非常過分。

之後阿定服務的店家等級愈來愈低，她不斷搬遷，最後在丹波篠山的妓女戶——大正樓定了下來。之後她逃出大正樓，離開性產業界，改到神戶的咖啡廳當服務生。這段期間阿定的母親與父親接連去世，她依舊出賣肉體，又或是當人家的情婦。阿定似乎有性愛成癮的問題，曾因為「**沒有男人就不知道如何是好**」**而向醫院求助**。

昭和十年（一九三五年），阿定認識了中京商業學校校長兼名古屋市議員——大宮五郎，人生也因此出現轉機。大宮義正辭嚴地告訴阿定：「當妓女或當小妾都不是為人正道！」但說歸說，他跟阿定其實也有肉體關係。現在有些老頭去買春時，不是也會罵小姐要她們不要出賣肉體嗎（我沒有喔）？大宮就是這種人。

聽了大宮的忠告，阿定決定從事正經工作。她到東京中野一家叫吉田屋的餐廳上班，卻與餐廳老闆——石田吉藏發展出婚外情（看到這裡一定有人心想：「又來了！」）。事情曝光後，兩人攜手私奔，私奔的旅費還是大宮出的。順帶一提，大宮因為跟這起案件關係匪淺，後來辭去了校長的工作，過起隱居生活。

昭和十一年（一九三六年），阿定在賓館中殺死了石田吉藏。據傳，阿定並非蓄意殺害石田，兩人當時在進行「窒息式性愛」，有些人在性愛過程中勒住脖子會產生快感。嗯……我是不懂這種樂趣啦，總之，阿定不小心勒得太入迷，石田就在無盡的快感中驟然離世。

石田死後，阿定用血在他的左大腿上寫下「定吉永遠在一起」，在左手臂上刻了一個「定」字，將石田的性器從根部割下後逃離了現場。警方在三天後將她逮捕到案，據說這三天她都穿著石田的內褲，隨身帶著石田的陰莖與睪丸。說老實話，這部分還滿獵奇的。

這起案件鬧得滿城風雨，還被列為「昭和十一年三大事件」之一。順帶一提，另外兩件是「上野動物園黑豹逃走事件」和「二二六事件[64]」。

64. 一九三六年二月二十六日，陸軍的青年皇道派人士於東京發起「尊皇討奸」的政變行動，要求發起「昭和維新」，將權力交還天皇，最後遭到鎮壓，以失敗告終。

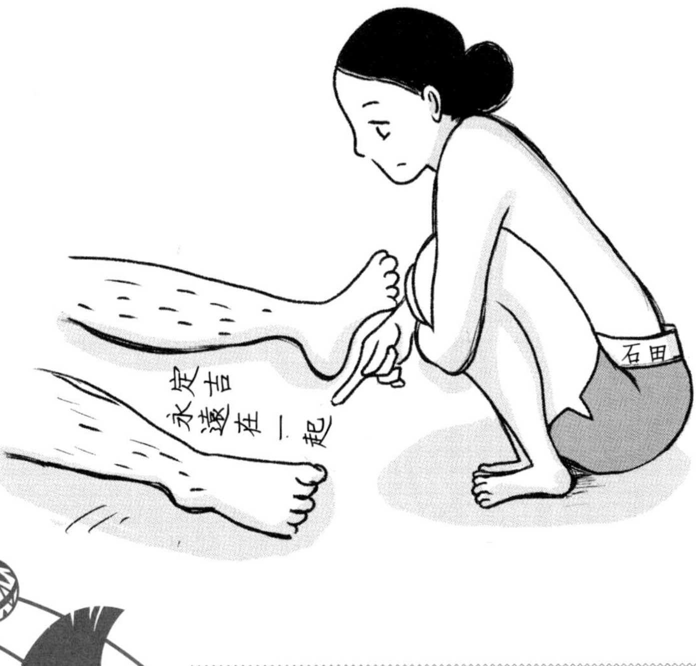

二二六事件被拿來跟黑豹逃走事件和阿部定事件相提並論，應該也很無奈吧。

阿定被捕後向警方供稱：「**我非常愛他，我想要他的一切。**」當時盛傳「石田的下體遠遠超過日本人的尺寸」，對此阿定也毫不避諱地為大家解惑：「石田是標準大小，但他的床上功夫很好，愛撫也將服務精神發揮得淋漓盡致。」呃……現在是什麼情形？

檢方對阿定求處十年徒刑，最後判處六年。明治時代的高橋阿傳殺人遭判死刑，到了昭和十一年就沒這麼嚴格了。阿定服刑完畢後，嫁給了一名上班族，最後以破局收場。而前面提到的秋葉一直與阿定保持聯絡，後來還成了她的監護人，安排她到「珍人奇物秀場」表演自己的故事。之後阿定漸漸沒了消息，就連怎麼死的都不得而知，但有傳言說她最後是壽終正寢。

本鄉教授的判定！

阿部定		蔬果店阿七
生平故事被寫成多部小說並拍成電影，至今仍廣為流傳 遭遇相當值得同情	優	井原西鶴將該案寫成小說 至今仍有人將這個故事拍成電視劇
到老仍飽受世間好奇的眼光 她的愛情過於沉重	劣	因縱火重罪被判處死刑 愛得太過盲目

兩人都經歷了大風大浪，但考慮到阿部定曾上台演出自己的故事，所以我決定判她獲勝。順帶一提，阿部定是個舉止高雅的氣質美女喔！

阿部定
勝！

本鄉教授的推爆小知識

兩個皇子算什麼？三個皇子都愛她：後深草院二條

在〈額田王 VS 和泉式部〉的篇幅中，我們介紹了「兩皇愛一女」的故事，但其實，這兩人還不是最誇張的，後深草院二條的戀愛故事比她們更戲劇化。
鎌倉時代中期有個後深草天皇，他的「第一次」是跟自己的乳母。別驚訝，當時常有乳母在養育皇子的過程中用這種方式讓他們認識「女人」。
後深草天皇對自己的第一個女人念念不忘，該乳母有個長得跟自己很像的女兒，後深草天皇便愛上了這個女孩。該女名為「二條」，就是之後的「後深草院二條(侍奉後深草天皇的二條)」。「一條」、「二條」其實是當時首都的大路路名，能使用這種名字的都是地位相當高的女人。由此可見，後深草天皇真的非常寵愛二條。

可是啊……王公貴族的世界不是我們這些平民能懂的。後深草天皇後來讓位給胞弟——龜山天皇，有天龜山突然要求哥哥讓他跟二條共度春宵，後深草居然答應了龜山，將二條送到弟弟那邊。如果只是這樣就算了，沒想到兩位天皇的另一位兄弟——性助法親王(這名字也太露骨了)見狀，也想要參一腳。於是，後深草又把二條送到性助法親王那邊。也就是說，二條成功拿下了三個皇子，其中還有兩個是天皇。不僅如此，當時朝廷貴族中有個政治要角名叫西園寺實兼，他對二條也是情有獨鍾，兩人之間也有一段情，導致後來二條懷孕，卻不知道是誰的骨肉。究竟誰才是孩子的爸呢？二條將這段際遇寫在她的日記創作——《無問自談》中。

如何？是不是很驚人呢？古時日本大人物面對情愛性事就是如此大剌剌、坦蕩蕩，彼此之間也不會有芥蒂或隔閡。話說，這樣的時代也滿好的呀！

結語

歷史是由男人和女人共同交織而成，學校卻只教沒有女人的歷史，你不覺得太不合理了嗎？

日本的文化精髓是什麼？是和歌；和歌最大宗的主題是什麼？是「情愛」。日本人著重男女情感的精妙之處，在美麗的大自然中通曉彼此心意，時而扼腕嘆息，時而放浪不羈，闡述著一份又一份的愛情。日本文化正是這些闡述的集大成，所以才孕育出豐富的傳統，深受世界好評。就這一點而言，日本是因為描寫女性的各種行為，才有了現在的歷史。

為了向大家介紹女性在歷史上的真實面貌，這次我們特地組成團隊製作本書。

第一位成員是充滿活力的美女漫畫家——萬吉，她真的很厲害，能將所有內容濃縮成一幅插圖；負責編寫文章的是崛田純司，他是作家兼編輯，也是我這輩子遇過最體貼的男人；整體結構是由我這個不夠成熟的歷史學家——本鄉和人所擬定；領頭人為集英社的志澤直子小姐，她聰明能幹，又長得非常漂亮，是個不折不扣的美魔女。一想到本書出版後就不能見到志澤小姐，我就覺得很捨不得啊（笑）。

本書是由所有成員同心協力製作而成，過程雖然辛苦，我們卻非常樂在其中。希望各位在閱讀的過程中，也能感受到我們的愉悅心情。若本書能激起各位對日本史的興趣，並品嘗到其中的樂趣，那就太令人開心了！

謝謝你們讀完這本書，謝謝大家！

二〇一九年七月

本鄉和人

本鄉和人 監修

一九六〇年生於東京。東京大學畢業後，考取同校研究所，跟隨石井進、五味文彥等知名歷史學家研究日本中世史，現為東京大學史料編纂所教授。

主要著作包括《新·中世王權論》、《日本史的要點》、《承久之亂：日本史的轉捩點》、《戰爭日本史》、《日本史教我的待人處事法》，並擔任《糟糕日本史》等日本史相關作品的監修。

曾參與多部電視劇、電影、漫畫、動畫的時代考證工作，任何歷史只要經過他的解說都會變得簡單明瞭又有趣，也讓他成為各界爭相邀約的熱門歷史學者。

萬吉 插畫

漫畫家，一九七五年生於日本埼玉縣。二〇一二年因開設部落格《曼殊木津子的織物仙境》而走紅，二〇一五年出版《酒精中毒仙境》，之後陸續推出《曼殊家的憂鬱》、《湯遊仙境》等漫畫隨筆，獨特的觀點和描寫方式備受好評，目前在網路雜誌《Woman Type》撰寫〈向自我霸凌說掰掰！跟漫畫家萬吉一起享受人生！〉專欄。二〇一九年起將筆名「曼殊木津子」改為「萬吉」。

崛田純司 撰文

作家，生於大阪。上智大學文學部德國文學科畢業，畢業前就開始從事編輯工作，後投入寫作，作品包括《我與傲嬌與海德格》、《四個大叔》，參與編輯企畫的書籍則有《生協的白石哥》、《機動戰士鋼彈UC證言集》等。

國家圖書館出版品預行編目資料

女力日本史：決定日本歷史的42個美女、才
女與毒女 / 本鄉和人 監修；劉愛夌 譯.-- 初
版.-- 臺北市：平裝本，2021.5　面；公分.
--（平裝本叢書；第519種）（FUN；01）
譯自：東大教授も惚れる！日本史アッパレな
女たち

ISBN 978-986-06301-1-4（平裝）

1. 女性傳記　2. 日本

783.11　　　　　　　　　　110005412

平裝本叢書第519種
FUN 01

女力日本史
決定日本歷史的42個美女、才女與毒女

東大教授も惚れる！日本史アッパレな女たち

TOUDAI KYOUJU MO HORERU! NIHONSHI
APPARENA ONNATACHI by Kazuto Hongo,
Mankitsu, Junji Hotta
Copyright © Kazuto Hongo 2019
All rights reserved.
First published in Japan in 2019 by SHUEISHA
Inc., Tokyo.
This Traditional Chinese edition published by
arrangement with Shueisha Inc., Tokyo in care of
Tuttle-Mori Agency, Inc., Tokyo.

Traditional Chinese Characters © 2021 by
Paperback Publishing Company, Ltd.

作　　者—本鄉和人 監修
譯　　者—劉愛夌
發 行 人—平雲
出版發行—平裝本出版有限公司
　　　　　台北市敦化北路 120 巷 50 號
　　　　　電話◎ 02-27168888
　　　　　郵撥帳號◎ 18999606 號
　　　　　皇冠出版社 (香港) 有限公司
　　　　　香港銅鑼灣道 180 號百樂商業中心
　　　　　19 字樓 1903 室
　　　　　電話◎ 2529-1778　傳真◎ 2527-0904

總 編 輯—龔橞甄
責任編輯—張懿祥
內頁設計—黃鳳君
著作完成日期— 2019 年
初版一刷日期— 2021 年 5 月

法律顧問—王惠光律師
有著作權 · 翻印必究
如有破損或裝訂錯誤，請寄回本社更換
讀者服務傳真專線◎ 02-27150507
電腦編號◎ 581001
ISBN ◎ 978-986-06301-1-4
Printed in Taiwan
本書定價◎新台幣 280 元 / 港幣 93 元

● 皇冠讀樂網：www.crown.com.tw
● 皇冠Facebook：www.facebook.com/crownbook
● 皇冠Instagram：www.instagram.com/crownbook1954
● 小王子的編輯夢：crownbook.pixnet.net/blog